Une vie après l'AVC

Blog de l'auteur : www.unevieapreslavc.com

© L'Harmattan, 2011
5-7, rue de l'Ecole polytechnique ; 75005 Paris

http://www.librairieharmattan.com
diffusion.harmattan@wanadoo.fr
harmattan1@wanadoo.fr

ISBN : 978-2-296-54536-6
EAN : 9782296545366

Christine AIRIAU-LECLAIR

Une vie après l'AVC

Préface de Maudy Piot

L'Harmattan

*Aux trois hommes de ma première vie,
mon époux et mes deux fils*

À mon frère Christian

*Il y a deux moyens d'oublier les tracas de la vie :
la musique et les chats*

Albert Schweitzer

Préface

Un matin froid et brumeux de décembre, Christine me demande d'un ton enjoué et sans réplique : « Tu veux bien faire la préface de mon livre ? » Sans réfléchir, je réponds « Pourquoi pas ! » Ce sont les jours suivants que j'ai pris conscience de l'importance de la demande de mon amie. Ecrire pour que chacune et chacun désire lire ce livre, le contemple autrement, s'engouffre dans l'histoire singulière d'une jeune femme de 32 ans qui, après avoir donné naissance à son second fils, quelques jours après, fait un accident vasculaire cérébral.

Vous vous imaginez l'épouvante, la terrible catastrophe, les difficultés auxquelles va être confrontée sa famille. Tout d'abord Christophe, son mari, qui est là, présent, lorsque Christine devient inerte, sans parole ; les deux enfants qui, du jour au lendemain, sont privés de leur maman ; les frères et sœurs ; les amis.

Avec une écriture allante et spontanée, Christine nous fait découvrir sa nouvelle vie. D'une seconde à l'autre, elle a basculé de la vie normée, tranquille, classique, dans une aventure unique, celle de la différence.

Tout devient autre, le regard que Christine porte sur elle, sur les autres, les perceptions ne sont plus celles qu'elle connaissait ; l'environnement de banal devient presque inaccessible.

Elle est pendant quelques semaines murée sans parole, elle entend, elle comprend, elle imagine, elle angoisse. Ce chemin d'une autre vie, Christine va l'appréhender avec énergie, courage, elle va se battre et elle gagnera.

Elle ressort de cet accident de vie différente, mais en gardant sa fougue, son humour, son esprit critique et son amour pour la vie.

Des séquelles marquent son corps de jeune femme, elle va les surmonter tout en respectant sa singularité.

Le handicap est cette chose qui peut vous surprendre au détour d'un chemin, c'est cet inconnu qui vient frapper à la porte de la vie, c'est cette différence qui vous épingle, qui fait que le regard de l'autre n'est plus le même.

Le handicap oblige l'Autre à sortir de sa monotonie, de ses références, de l'angoisse que suscitent l'inconnu, le désagréable.

Dans les représentations collectives, le handicap renvoie à la monstruosité, au laid, à la faute. Même si aujourd'hui il paraît que les différences sont mieux tolérées, celles et ceux qui les vivent dans leur corps savent que les premiers réflexes sont soit de la compassion, soit de la pitié ou du rejet, ou encore de l'agressivité ; l'exclusion n'est pas loin. Le handicap dérange, il entraîne intolérance, indifférence.

Un enfant handicapé dans une classe est très souvent vécu comme un parasite gênant, il va retarder la classe, il fait peur, il fait tache, il fait désordre. On préfère ne pas voir, ne pas savoir. La différence dérange, oblige l'autre à se positionner, se situer autrement, le handicap oblige à sortir des sentiers battus. Dans le milieu du travail, la personne handicapée est souvent considérée comme gênante, moins rentable que les autres !

Mais on oublie que le handicap, la différence sont sources de richesses, que la diversité engendre de l'imaginaire, de la créativité ; que les personnes handicapées sont autrement capables de réaliser les actes de la vie quotidienne, que leur force et leur énergie peuvent surmonter les contraintes du quotidien.

Christine nous montre, dans son livre, le combat mené, les réussites remportées. Mais c'est une évidence : ce n'est pas facile de réaliser autrement les actes de la vie. Pour cela il faut croire que la différence est une richesse pour tous, que la norme, la banalité ne font pas partie de la vie des personnes singulières.

La femme handicapée vit une double discrimination, celle d'être femme et celle d'être handicapée. Tout est plus difficile, plus compliqué pour les femmes en général, et le handicap renforce la discrimination. C'est pour cela que le livre de Christine est un bel exemple de lutte au quotidien, de l'engagement dans le milieu du travail, de l'amour dans la famille.

L'association 'Femmes pour le dire, Femmes pour agir', dont je suis la fondatrice et la présidente, a besoin de femmes comme l'auteure de ce livre.

N'oubliez pas en lisant cet ouvrage que la différence est une richesse pour tous et que l'amour de la vie permet de soulever des montagnes.

Maudy Piot
Psychanalyste
Fondatrice et présidente de l'association
'Femmes pour le Dire, Femmes pour Agir'
www.femmespourledire.asso.fr
maudypiot@free.fr

Qu'aurait été notre vie sans ce raz de marée que fut mon AVC ? Cet accident qui bouscule une petite vie tranquille, qui fait voir le quotidien différemment.

Il nous a changés, c'est vrai, mais au fond, ne sommes-nous pas un couple classique, ponctué des aspérités de la vie ou des influences de Mars et de Vénus, et des années passées en commun ? C'est peut-être un cap à passer. Alors passons-le ensemble, avec la force qui nous unit.

Un jour, calmement, j'amène la discussion avec diplomatie pour ne pas le froisser. J'imagine déjà la chute, la douche froide. Je dis timidement : « Je crois que je ne t'aime plus. Je ne sens plus la petite flamme en moi qui me tient éveillée pour l'amour que je te voue ». Les paroles de Cali résonnent dans ma tête : « ♪ *Je crois que je ne t'aime plus – Elle m'a dit ça hier – Ca a claqué dans l'air comme un coup de revolver* ♪ ». Il est blême... Je revois passer des images, nos images dans ma tête. Après dix-sept ans de vie commune j'ai senti le vide s'installer. Je l'avais pourtant prévenu que cette routine serait la mort de notre couple. Il le savait, a fait l'autruche (comme tant d'hommes savent si bien le faire !) pour ne pas voir ce qui pointait à l'horizon – l'ennui, mon ennui, une lassitude du quotidien. Je ne demande pas une vie faste, exceptionnelle, agitée, seulement une vie remplie.

J'ai gardé dans mon carnet à spirale, tout mon bonheur en lettres capitales ...

Le carnet à spirale

J'ai tout consigné sur un carnet violet à spirale... C'est trois ans après l'accident que je commence à écrire, le vécu me rattrape et les nuits d'insomnie ne me laissent pas de répit. C'est à l'heure bleue que je trouve mon inspiration, que je me délivre de mes chimères. C'est l'heure où je prends mon vol de nuit, départ pour un voyage intérieur. C'est l'heure où tout dort, où tout est calme, où la lune rayonne, c'est le moment où je trouve la sérénité. J'écris jusqu'à épuisement puis je vais me coucher apaisée, tomber dans les bras de Morphée.

C'est seulement neuf jours après l'accouchement que l'issue fatale arrive. Mais pourquoi ? Pourquoi moi ? Pourquoi les médecins et les spécialistes qui m'ont suivie pendant ma grossesse ne m'ont pas dit qu'il y a parfois des risques ? Pourquoi n'ai-je pas eu des signes avant-coureurs m'alertant qu'il se passait quelque chose de grave ? Pourquoi ? Ce n'est la faute de personne. C'est la faute à pas de chance.

C'est un aléa de la vie. Et même si c'était la faute de quelqu'un... Mais POURQUOI ? Des questions restées sans réponse. Par peur de lasser mes proches avec mes états d'âme personnels, j'ai préféré coucher quelques mots sur du papier, c'est un moment de solitude jouissif. C'est une évidence !

Je commence en 2003 lors d'un voyage en Corse. La beauté de cette île méditerranéenne, ces paysages m'apportent l'inspiration. Un jour, je reste seule à la résidence. Je m'installe sur la petite table du balcon face à la mer en baie de Sagone. C'est beau, paisible, bucolique. Je donner libre cours à mes pensées sous le soleil. Des effluves montent du jardin ; il y a une odeur particulière, en Corse, qui la caractérise, celle des herbes du maquis, les embruns de la Méditerranée, plus cet horizon bleu azur. Un vrai plaisir des sens, autant l'odorat que la vue. Je me laisse aller un instant à la méditation. Un moment. Silence. Je sais maintenant observer, contempler, profiter de l'instant présent. Un moment d'apaisement : Dieu que c'est beau, agréable, doux à mes yeux et à mes narines. Nous sommes bien sur cette bonne vieille terre. De passage, de passage seulement, des passagers du vent. Profitons-en tant que nous sommes vivants. Je ferme les yeux pour mieux m'imprégner de ces odeurs et de ces paysages. Je fais la même chose lorsque j'écoute une musique qui me touche, qui m'émeut comme si je voulais que chaque note s'imprègne dans ma peau. Pour ne pas oublier.

Jamais oublier ce qu'était ma vie avant, car avant elle était douce, légère.

J'étais insouciante, je n'avais pas la notion que tout pouvait basculer à tout moment, tout pouvait s'arrêter. Connaîtrais-je maintenant le bonheur, le bien-être ?

Là, ici en Corse, c'est le bien-être. Ce bien-être insulaire me rappelle un peu l'Irlande (avec les degrés en plus). Je suis apaisée, j'ai digéré un peu, cela fait presque trois ans que l'accident est arrivé. Le temps arase un peu les brèches qui sont dans mon cœur. Je remonte la pente que j'avais dévalée à toute vitesse. Je me suis armée de courage pour tenter de vaincre. Je dis bien tenter car la volonté ne suffit pas ou du moins n'a pas suffi. Il a fallu à un moment donné que les médecins me disent que le fait était là : je resterais handicapée de mon côté gauche. J'espérais être hors des statistiques du monde médical. Handicapée, quelques qualificatifs abstraits dans ma tête ; invalide, infirme – des étiquettes sociales.

Il va falloir vivre avec cette hémiplégie. J'en avais entendu parler : « Tiens untel a eu une attaque cérébrale, maintenant il est hémiplégique ». Une phrase que j'avais dû entendre dans le passé sans qu'elle m'interpelle, c'était loin, j'étais jeune, ça ne pouvait pas m'arriver, ça n'arrive qu'aux personnes âgées, et… ça n'arrive qu'aux autres. Surtout pas à moi !

C'est le 20 octobre 1999. Neuf jours après la naissance de mon seconds fils, Ronan. Nous sommes le soir. Il doit être 22h30. Christophe rentre d'une réunion. Je l'attends patiemment après avoir donné la tétée à mon nouveau-né et l'avoir couché. La maison est endormie. Jocelyn mon aîné est au pays des songes afin de se lever le lendemain pour aller à l'école. Je bouquine, tranquillement installée dans le canapé du salon. Christophe rentre. Il me relate les dires de sa réunion quand soudain une douleur aiguë me frappe du côté droit de la tête. Je porte instinctivement ma main droite à ma tempe droite. Qu'arrive-t-il ? Je ne comprends pas. Je ne peux plus bouger. Christophe s'affole. « Que se passe-t-il mon amour ? », dit-il apeuré. Je n'arrive pas à sortir un son de ma bouche. Tout mon côté gauche est paralysé. Je suis prise de soubresauts, ne comprenant pas ce qui m'arrive. Christophe me prend dans ses bras. « Que se passe-t-il ? » Il m'allonge sur le canapé. « Attends mon amour, ne bouge pas ». J'en suis bien incapable. Il s'affaire au téléphone, appelle notre médecin. Etant donné l'heure tardive, le message sur le répondeur le renseigne sur le médecin de garde. Il vient me rassurer : « Le médecin arrive, ça ne va pas être long maintenant. » La douleur persiste mais je n'ai pas perdu connaissance. Je vois Christophe qui fait les cent pas, inquiet, me posant des questions. Je ne peux communiquer qu'avec des signes de ma main droite. Le Dr T. arrive enfin ; il a fait vite. Il m'ausculte et diagnostique un malaise cérébral. Devant l'urgence et la gravité de mon état, il appelle le Samu afin de m'hospitaliser rapidement. L'interlocuteur lui répond qu'aucun point vital n'étant touché, ils ne se déplaceront pas ! Alors Christophe et le Dr T. décident d'appeler une ambulance privée de permanence. J'attends toujours allongée sur le canapé.

Tout à coup j'entends une voix familière, c'est F. l'ambulancier, je le connais bien. Il a fumé une cigarette avant de venir car je le sens. Cette odeur me porte au cœur accentuant mon malaise. Il me soulève, me transportant dans le brancard qui va dans l'ambulance. Il a quelques mots rassurants : « Ca va Christine. Ne bouge pas. On va s'occuper de toi. » Et puis je vois le plafond de l'ambulance dans laquelle il va me transporter vers les urgences. J'ai très mal à la tête, cette douleur persiste, comme une très forte migraine du côté droit. Je suis consciente. J'entends les voix autour de moi mais je suis dans le brouillard. Je ne me souviens pas des visages s'affairant autour de moi. Christophe a pris sa voiture et nous suit. Il a appelé Mamie à la rescousse qui vient garder les deux petits. Elle sera présente désormais auprès de ses petits-fils.

Arrivée aux urgences, je suis prise en charge prioritairement. Les odeurs m'incommodent. Christophe est à côté de moi, je lui fais signe que je vais vomir. Trop tard, c'est parti, nous n'avons pas eu le temps de mettre une bassine. Une aide-soignante râle. Dans mon cas, ne pouvant plus communiquer, qu'aurait-elle fait à ma place ? Sa blouse blanche n'autorise pas ce genre de commentaire ! Ils ont été d'une efficacité à toute épreuve, si bien qu'ils n'ont pas eu le temps de me laisser un mode d'emploi de la bonne conduite à tenir en entrant à l'hôpital... J'ai mal, je ne suis pas bien. Christophe aussi est mal, impuissant devant ma douleur. Oh! Mon amour, qu'est-ce qui nous arrive ??? L'équipe médicale s'affaire autour de moi. Ils annoncent à Christophe qu'ils vont me faire passer une série d'examens. Vont-ils trouver le médicament miracle pour faire passer cette horrible douleur ? On m'envoie passer une I.R.M. (imagerie par résonance magnétique). Voici le jargon médical qui commence ! C'est une sorte de tube tel un scanner où l'on entend des bruits accentués, version marteau-piqueur. C'est insoutenable. Je me raidis, je me tords de douleur malgré les sangles qui me tiennent attachée. J'entends une voix qui me dit : « Ne bougez pas Madame, s'il vous plaît », mais c'est insupportable !! J'ai envie de crier à la voix : « Arrêtez cette torture, je n'en peux plus. » Qu'on me laisse tranquille. Et puis voilà, cela a duré une dizaine de minutes et c'est fini. Ouf ! Horrible. Cet examen doit être réalisé afin de déterminer la cause de mon accident. Seulement, les personnes qui me font subir ces examens et ceux qui suivront n'ont jamais goûté à ces joies douloureuses qui n'en finissent pas.

Les jours qui suivent mon hospitalisation voient se dérouler une série d'examens pas toujours agréables, une surenchère inventive de tortures accompagnée de l'humour médical, dépourvu de sentiments et d'émotions, et pourtant j'ai de l'humour. Mais à ce moment-là, je ne suis pas bon public.

Tout mon entourage vogue vers l'inconnu. Mais pourquoi, comment cela lui est-il arrivé ? Va-t-elle survivre ? Aura-t-elle des séquelles ?

Christophe pour sa part gère le quotidien auprès des enfants, nos deux petits « bouts de chou » lâchés dans la nature sans leur maman. Mon bébé Ronan, que j'allaitais avec bonheur, est sevré brutalement par la force des choses. Et mon grand Jocelyn de 4 ans ½ qui est intelligent et pose des questions, celles des enfants de son âge, lui parle-t-on clairement, lui dit-on la vérité, la réalité ? Je déteste les non-dits. Oh mes deux amours comme je souffre de notre séparation. Ne pas sentir vos petits corps contre le mien. Toi Ronan qui peu de jour avant faisait corps avec le mien. Ma propre chair, mes enfants adorés. Dieu que je pense à vous. Je puise ma force en vous deux, vous trois. Mes hommes de ma vie. Christophe, encore sous le choc du départ en urgence, ne réalise pas trop ce qui nous arrive. Les médecins ne se veulent pas alarmistes, mais néanmoins marchent sur des œufs, restent dans l'expectative de l'évolution de mon état. Ils savent qu'il y aura des conséquences...

Christophe se rend à l'évidence. Ces questions primordiales : va-t-elle avoir des séquelles ? Que va devenir notre vie si elle reste un légume ? Mais je l'aime. Il se sent abattu avec la femme qu'il aime sur ce lit d'hôpital et ces deux enfants. Heureusement, géographiquement notre famille est proche, pas trop disséminée. La solidarité familiale s'organise naturellement. Mes parents, mes beaux-parents, frères, sœur, beaux-frères et belles-sœurs s'occupent des petits ainsi que des amis proches. Je reste toujours allongée, la tête inclinée à 30° avec interdiction formelle de me relever. Je ne peux pas de toute façon. On m'alimente donc au goutte à goutte ainsi qu'avec quelques bouillies immondes. De toute manière, dans mon état, je n'ai même pas faim. De mon lit, je vois un carré de ciel d'automne tristounet. Un hôpital, cela n'a rien d'un hôtel 4 étoiles, mais celui-ci est triste à mourir. Les journées sont longues, interminables, car le réveil est tôt alors que je préfèrerais dormir plus longtemps quand j'arrive à trouver un petit peu de paix avec ma tête encore douloureuse. Et puis le défilé commence : la lumière brutale qui vous éblouit empêchant d'ouvrir les yeux. Cela ne doit pas être compris dans le programme d'études des infirmières

(Je vais en faire part au ministre de la Santé : apprendre à rentrer avec douceur dans la chambre et commander un éclairage progressif pour que les patients puissent se réveiller tout doucement).

J'ai envie qu'on me laisse tranquille, qu'on me laisse en paix. Tout ce vacarme pour recevoir sur un plateau un café infâme dans un verre à bec pour me permettre de boire toute seule sans risquer de faire de « fausses routes », c'est-à-dire avaler de travers et s'étouffer. Ensuite, si le reste ne me convient pas j'appelle en appuyant sur la sonnette si elle est bien là par chance, lorsqu'elle n'est pas tombée. Car si elle tombe je ne peux pas la rattraper. Et ensuite m'exprimer, me faire comprendre comme je peux. J'ai mes phrases toutes faites dans ma tête. Mais cela ne veut pas sortir, une forme de mutisme qui va durer quelques semaines. Emettant des meuglements, tel un animal. C'est extrêmement angoissant... Ne plus pouvoir communiquer avec autrui. Je m'énerve avec ma main droite en faisant des signes nerveux. Je sens cette boule dans ma gorge. Je voudrais crier, hurler mon mal afin qu'il sorte de moi. Qu'il arrive à s'extraire. J'hurle en silence. C'est comme une chape de plomb qui m'est tombé dessus et m'a plaquée dans ce lit d'hôpital. J'ai toutes mes facultés intellectuelles et constate que mon côté gauche est touché. Rien ne bouge.

Zoo

Après avoir pris le petit-déjeuner, voici l'aide-soignante qui vient me faire la toilette dans mon lit en évitant de me bouger. Je n'aime pas être tripotée par d'autres comme un vulgaire objet.

Mon corps est désormais jeté en pâture.

Certaines ont conscience qu'il s'agit d'un être humain – hélas elles sont rares. Préoccupations de temps, de rendement. Eh oui, nous sommes à l'usine médicale, j'avais oublié que ce n'était pas un hôtel !!!

Et ensuite voici le défilé des blouses blanches. Le médecin présente le ou la patiente aux internes. Oh cela n'a rien de convivial : Mme Machin, victime d'un AVC ischémique, présente la pathologie suivante bla bla bla.

J'ai l'impression d'être un animal de cirque. Où sommes-nous ? Dans un zoo ? On bafoue l'intégrité, la dignité d'une personne.

Ce jour-là, je reprends mes esprits et ris intérieurement en pensant que j'ai de la peine à distinguer le neurologue des internes.

Il a l'air si juvénile, me pose doucement des questions et moi-même je m'exprime avec difficulté. Je m'énerve pour rien.

Qu'on me laisse en paix. Je vous en conjure ! La tournée s'achève. Ouf jusqu'à la prochaine fois. Même pas un bonjour de certains, ou un au revoir, bonne journée, un mot doux quoi ! J'ai un peu de temps pour m'assoupir jusqu'au déjeuner qui sera abject comme les autres, insipide. Malheureuse épicurienne que je suis. Je ferme les yeux et m'évade de ma geôle. Heureusement j'ai eu la chance d'engranger de bons souvenirs dans ma vie d'avant. Je me vois assise agréablement au Carré des Feuillants, chez Dutournier, devant un râble de lièvre somptueux. Je me délecte dans mon lit de ce souvenir si doux à mon palais, et qui me fait chaud au cœur, en m'aidant à m'échapper de cette morne réalité. Ce sont ces savoureux souvenirs gastronomiques qui m'aident à tenir le choc. D'autres m'aideront par la suite à tenir : j'ai en mémoire un baiser volé avec mon amour d'enfance F., par un après-midi ensoleillé, alors que nous étions adolescents, couchés dans l'herbe au bord de la Maine, me laissant un goût de chewing-gum dans la bouche, chewing-gum qu'il avait dû mâchouiller avant de m'embrasser. C'était également un souvenir doux pour ne pas sombrer dans le cafard. Le temps est déjà trop long, cela fait trop longtemps que je suis là à ne pas bouger. Je trépigne dans ce lit d'hôpital alors que j'aurais tant à faire à l'extérieur. Peu consciente de mon état, je me dis « mais quand vais-je sortir ? » Je reste dans le brouillard quelques jours, pourtant j'entends distinctement les voix de mes visiteurs. J'ai toute ma tête, comprends clairement leurs propos mais ne peux échanger d'aucune façon.

L'école buissonnière

Quelques jours après l'accident, j'entends la voix de mon amie d'école V. Celle avec laquelle j'ai passé mon bac et mes plus belles années d'études secondaires.

Après les années collège s'ensuivirent les années lycées, celles que j'estime les plus belles. Je prenais mon envol de jeune adulte. C'est au lycée que j'ai rencontré V. L'amie de tous les instants. Fidèle amie. Au départ, ça n'a pas été un coup de foudre. Nous avons appris à nous apprivoiser avec le temps. V., je l'ai connue à l'internat en seconde, nous avons fraternisé en première et avons passé notre bac ensemble. De ces trois belles années devait naître une formidable amitié très forte, indéfectible. Lorsque j'ai fait sa connaissance, je ne l'ai pas appréciée immédiatement. Elle régentait tout à l'internat, ne craignait pas de dire ce qu'elle pensait. Moi j'étais une adolescente assez effacée, timide, sortant du cocon familial et je découvrais les aspérités de la vie en communauté. V. me semblait mature, je n'étais qu'une gamine tout juste sortie de l'enfance. Cela a été un bon apprentissage de la vie. Nous nous sommes orientées vers la même filière, ce qui fait que nous ne nous sommes plus quittées jusqu'au bac. Cette classe de première était vraiment sympa, autant du côté des filles que des garçons. Avec V., nous étions chargées d'une mission, en tant que déléguées de classe, fédérer dans un esprit de tolérance et de respect les uns et les autres, car nous venions de différents horizons, et ce n'était pas facile pour certains.

Chaque fois que l'on se voit toutes les deux, nous prenons plaisir à nous remémorer les bons moments comme ceux où nous séchions les cours de gym que nous jugions vraiment accessoires pour l'obtention du bac vu notre aptitude en sport…

Les cours d'espagnol aussi étaient animés, avec un professeur franquiste nostalgique. Trois années d'insouciance où l'on découvre la vie, l'autonomie ; le passage de la vie d'adolescent à celle d'adulte. Ces années restent gravées dans ma mémoire comme un doux souvenir qui me fait du bien à l'âme lorsque je sens monter en moi une tristesse ou une certaine mélancolie.

Bouleversée comme mes proches par la nouvelle, elle accourt à mon chevet, impuissante comme les autres devant l'ampleur des dégâts. Elle fait de l'humour, sans doute pour détendre l'atmosphère pesant, me remémore nos plus belles années au lycée, des années d'insouciance. V. à mon chevet me renvoie ces images douces et cela apaise un peu ma douleur. Je me sens décalée, pas en phase avec ce décor. Mais que fais-je ici ? Pourquoi ? Je devrais être avec mon bébé qui vient de naître... qui tout juste sorti de mon ventre... a été séparé de moi. Oh, mon bébé ! Nous avons fait corps ensemble pendant 9 mois. Oh ! Quelle déchirure ! Ce petit être que j'ai senti contre ma peau, contre mon sein, ce petit être qui est venu au monde et qui était ma joie depuis 9 jours. J'ai tout juste eu le temps de te bercer dans mes bras. Je ferme les yeux pour essayer de ne pas oublier ta frimousse à 9 jours et me voir te cajoler mon tout petit enfant, mon tout petit.

Je contemple chaque soir avant de m'endormir la photo qu'a faite mon amie J. de toi. Je pense à toutes ces femmes mortes en couches, laissant derrière elles un nourrisson.

De plus je te donnais mon lait. L'allaitement pour mes deux enfants, c'était comme un moment de communion avec eux après les avoir portés pendant neuf mois. J'ai eu la chance d'avoir deux grossesses sans souci particulier, à part les derniers mois, la surcharge pondérale se faisant sentir. J'ai vécu à chaque fois neuf mois de plénitude, dans un état second qui nous faisait vivre Christophe et moi sur un nuage. Car le futur papa partageait avec moi chaque instant nouveau de ce petit être qui croissait en moi. J'avais conscience de la chance que nous avions de procréer car cela n'est hélas pas le cas de tout un chacun... La joie que peut être la naissance d'un enfant, le fruit de l'union de deux êtres s'aimant. C'est naïf, je sais, j'ai toujours été admirative de « Dame Nature ». Comment un spermatozoïde rencontrant un ovule peut-il fabriquer un embryon devenant petit homme ? Je sais bien sûr que cela est scientifiquement explicable mais d'un point de vue un peu moins cartésien, l'histoire est jolie. Car il ne faut pas oublier qu'au début c'est une histoire d'amour. Qu'ensuite c'est un amour qui se perpétue. Que la naissance de ces deux petits êtres que sont Jocelyn et Ronan ont été les deux plus beaux jours de ma vie de femme. Mettre au monde ces deux petits garçons de ma propre chair...

J'avais le sentiment après la naissance de Ronan qu'on m'avait volé ces bons moments que sont l'après-accouchement (hormis le baby-blues pour celles qui connaissent – moi, je ne connais pas). Avoir dans ses bras celui ou celle que l'on a porté, être en état de grâce pendant neuf mois. C'est vraiment trop injuste. Quel déchirement !

Ces moments uniques d'amour entre la maman et l'enfant. J'espère en mon for intérieur que Ronan ne souffrira pas. Pas autant que moi. J'oublie ma souffrance physique tant j'ai mal quand je me mets à penser à mon bébé.

Heureusement je le sais entre de bonnes mains, aux bons soins de ma famille et de mes amies proches (qui ont pris soin de lui parler, de lui expliquer ce qui était arrivé à sa maman, le pourquoi de son absence). Je leur suis tellement reconnaissante de cette aide.

J'essaye de m'interdire de trop y penser car cela me fait mal et je dois faire surface. Je me dois d'être forte. J'ai du pain sur la planche. Je vais avoir du travail, je vais être une fourmi travailleuse ! Les médecins quelques jours après sont toujours dans l'attente et ne se prononcent pas – ou bien savent et ne veulent pas nous décourager. Je me souviens d'une visite matinale du chef kiné et du docteur G. à qui je pose la question tant bien que mal car j'ai recouvré la parole partiellement : « Je serai sur pied au mois de mars prochain, docteur, n'est-ce pas ? »

Il me répond par un sourire plein de compassion en me disant qu'il me faudrait de la patience. Ils étudient la possibilité de m'évacuer vers un centre de rééducation où il y aurait une place vacante. En attendant on continuerait les examens pour établir précisément la cause de cet accident vasculaire. Des examens pour le moins peu agréables et jamais au bon moment.

Un lion en cage

Je me souviens de ce jour où mes chers parents sont venus me visiter avec mon époux.

Un brancardier m'emmène faire un électrocardiogramme. Une fois l'examen fini, je me retrouve au milieu d'une grande pièce, froide, austère, pleine de machines. La personne qui m'a fait l'examen vaque à ses occupations. Je me retrouve seule dans cette salle d'examen froide, impersonnelle. Et je trépigne dans ce lit. Personne ne vient me chercher, sachant que dans ma chambre il y a mes parents qui m'attendent. Le seul lien qui me rattache au monde extérieur. C'est pour moi un bol d'air. C'est inconcevable que je perde quelques minutes de cette visite. Je suis allongée dans ce lit, ne pouvant pas bouger, au beau milieu de cette salle sordide, je me mets à gémir le plus fort possible, tel un lion en cage, afin que l'on puisse m'entendre. Ces minutes me paraissent interminables, même si ce n'est que peu de temps, j'en ai assez d'attendre dans ces salles d'examen. J'ai envie qu'on me laisse en paix. Pour moi le verdict est là. J'ai fait un AVC et maintenant il faut passer à autre chose. Mon cas nécessite une rééducation afin de recouvrer mes facultés fonctionnelles. Je suis fatiguée d'être un numéro de chambre, et non une personne à part entière, oubliée de certains soignants, cela est invivable. Le réveil du matin très tôt – trop tôt pour moi – qui me réfugie au pays des songes, afin de fuir cette mauvaise réalité. Je fais un cauchemar et je vais me réveiller – tout ira bien.

Ces journées interminables, qui n'en finissent pas. Le seul rayon de soleil, ce sont les visites personnelles de l'après-midi. Après, le soir, c'est long, ces longues soirées interminables face à soi-même. Je m'étourdis de télévision avec des programmes plus ou moins digestes – comme les repas qui au début sont des sortes de bouillies infâmes. Un jour, une aide-soignante me fait manger, elle doit être pressée, elle me brûle avec cette bouillie trop chaude, j'ai tout recraché… cette mixture immonde, car il n'y a pas d'autre mot pour la décrire. Cette aide-soignante est peut-être pressée mais cela n'excuse pas tout. Elle est rustre, peu attentionnée. Si ce métier ne lui convient pas, elle n'a qu'à en changer ! Un matin, me faisant ma toilette dans mon lit, elle me passe le gant de toilette tout au long de mon corps ou plutôt, devrais-je dire, elle me racle le corps avec ce gant de toilette devenu du crin entre ses mains. Mécaniquement, ses gestes sont dépourvus de toute douceur. Pour finir elle termine par ma toilette intime entre mes cuisses, me passant brutalement le gant sur mon sexe encore meurtri par l'épisiotomie effectuée lors de l'accouchement. Elle aurait pu le voir et faire attention lors de cette toilette. Je me raidis soudainement étant donné que je ne peux lui dire. Pourtant j'ai envie de lui crier mais les mots ne sortent pas : « Imbécile, vous me faites mal – laissez-moi – partez ! » Elle a dû comprendre dans mon regard, n'insistant pas. La toilette est terminée... Elle n'insiste pas, me voyant sangloter, je suis sur le côté. Je me recroqueville sur moi-même, en position fœtale, un instinct de protection – comme un petit animal blessé. Je sens le drap jaune estampillé « hôpitaux de Nantes » qu'elle remonte sur moi et une main sur l'épaule. Elle s'est rendu compte de son geste maladroit et essaye de se rattraper. Je suis dans une telle détresse.

Je pleure tout doucement jusqu'à ce que le sommeil salvateur vienne m'enlever à ma peine, m'apaise.

Quand sortirai-je de cet immonde cube marron, de ce blockhaus ? Le ciel d'automne de plus est triste et je ne vois que cela depuis mon lit dont je ne peux pas bouger. Je ne peux même pas savourer les couleurs automnales du parc qui s'habille d'ocre et de pourpre. C'est tout ce qu'il y a d'agréable à l'œil en ce lieu, ce parc où de nombreux érables prennent leurs habits d'automne. Les jours défilent et je récupère petit à petit. Bientôt quatre semaines passées dans ce lieu froid de technologie et d'absence d'humanité. Le rituel défilé de blouses blanches passe tous les jours aux environs d'onze heures. Je n'ai pas encore conscience de l'ampleur des dégâts, à moins que je ne veuille pas voir. Je trépigne sur ce lit d'hôpital, attendant chaque jour avec la même impatience mes visites qui sont pour moi un bol d'oxygène. Quand reverrai-je mes petits, mes tout petits ? J'espère que mon petit Jocelyn ne trouve pas trop long le manque de moi. J'avais déjà un sentiment d'abandon lorsque je suis partie accoucher de Ronan. Comment va-t-il le prendre ?

Je presse Christophe afin qu'il lui explique bien, qu'il mette des mots sur les faits. Chaque jour pour me donner de la force je pense à mes deux petits garçons, ma chair. J'ai hâte de rentrer à la maison. Les médecins sont dans l'attente, ils commencent à parler rééducation fonctionnelle. Pour moi, c'est une porte de sortie de ce service de neurologie et une issue vers la maison bien-aimée. Je ne l'ai jamais autant chérie. Je pourrai être transférée lorsqu'une place sera vacante car dans les centres de rééducation les places sont chères compte tenu de l'offre et de la demande. Je suis rééducable vu mon jeune âge.

Je suis couverte de fleurs comme je ne l'ai jamais été. Moi qui adore les fleurs, je n'en profite même pas. Le personnel les sort dans le couloir afin que je ne sois pas incommodée par les germes et odeurs que portent les fleurs. Comme mon accident n'est pas anodin, j'ai eu des marques de sympathie de mes amis, collègues de travail et autres connaissances. C'est touchant de se sentir assistée par ceux que je connais. J'ai l'impression de vivre en 'live' ma sépulture, c'est angoissant.

Mais je conserve toutes ces marques de sympathie et petits mots, car cela m'a fait chaud au cœur sur le moment. Et je les emporte avec moi lors de mon séjour en rééducation.

Le courrier du cœur

N., la compagne de mon ami P., connu à Paris dans mes plus belles années professionnelles, m'a envoyé une petite lettre – je me souviens à peu près ses dires : « Cricri. Reviens-nous en forme, de manière que ta maison reste pour nous un lieu accueillant comme tu sais si bien le faire quand nous partageons de bons moments durant nos vacances d'été. » Ce sont toutes ces marques d'affection, ajoutées aux visites, qui font que je dois me battre pour revenir au mieux. Tout le monde m'attend, mes enfants, mon époux, ma famille, mes amis. Alors je vais devoir commencer une bataille contre un mur mais je ne soupçonnais pas que cela serait si difficile. Le temps est long, bien trop long dans ce service de neurologie. Les journées s'étirent péniblement. Aujourd'hui c'est l'écho doppler. Ils me font passer une micro-caméra par le biais d'un tube dans l'œsophage.

C'est insupportable. Pourtant je ne suis pas douillette. Ils sont deux infirmiers à me tenir tellement je me débats. C'est plus qu'un humain puisse tolérer. Je ne supporte plus d'être manipulée comme une chose. Je reviens exténuée, vidée, très énervée dans ma chambre après ces difficiles examens, qui s'ajoutent aux manipulations des soignants : je maugrée contre cet hôpital – ce personnel qui nous fait attendre lorsqu'on a besoin de lui. Un jour, je fais tomber la sonnette et ne pouvant pas la rattraper au risque de tomber moi-même, j'attends, les minutes me paraissent interminables. Le comble, c'est lorsqu'on commence à m'asseoir dans un fauteuil. On m'installe près de la fenêtre afin que mon angle de vision change un peu. Cela me paraît bien long pour un début de verticalisation ! Comme la sonnette a glissé, je n'ai pu appeler. Alors je gémis, ne pouvant émettre des paroles audibles. C'est à bout de forces, proche du malaise, que je vois venir deux aides-soignantes se confondant en excuses tout sourire dehors : « Oh, excusez Mme Airiau, on vous avait oubliée... » Je ne peux rien rétorquer à cette réflexion absurde, je les ai simplement fusillées du regard. De la même manière, on me fait ma toilette au lit. D'une part, parce que je ne suis pas trop mobilisable pour aller à la douche et, d'autre part, cela fait gagner du temps. Quelques jours après mon hospitalisation, je ne sais combien, je peux enfin goûter au plaisir de la douche, me laver, faire couler de l'eau sur ma peau, me rafraîchir. Cette première douche couchée sur un brancard est un cadeau. Elle me rafraîchit l'esprit, le moral. C'est primaire. Quand on touche le fond, un petit rien devient un grand moment. Me laver signifie pour moi me débarrasser de ces odeurs. Sentir un bien-être de son corps. Cette douche me permet d'aborder la journée avec plus d'enthousiasme.

Je suis sensible aux odeurs aussi bien agréables que désagréables. Cette odeur d'hôpital est un mélange d'odeurs de médicaments, de détergents, de sueur, d'excréments, d'éther, un pot-pourri d'effluves qui ne compose pas le plus subtil des parfums. Je garde, hélas, en moi cette senteur tenace.

Service après-vente

Ce parfum s'était déjà installé dans ma mémoire car hélas nous avions déjà vécu ce genre d'expérience quelques années auparavant. Christophe avait été victime d'un accident de moto. Jocelyn était encore bébé, il n'avait que cinq mois. Je fus du jour au lendemain toute seule avec mon fils. Cela avait été un choc terrible. Lors de l'hospitalisation, Christophe avait contracté un staphylocoque que ne soupçonnaient pas les médecins car ils attendaient les résultats des cultures et me laissaient désespérément dans l'expectative – c'était le silence radio le plus total comme on sait très bien le faire à l'hôpital, un silence qui fait du mal, qui laisse libre cours aux pensées les plus noires. Le S.A.V. était défaillant ! Le chirurgien orthopédiste qui avait pratiqué l'intervention était certainement très compétent, plus en matière de chirurgie que de communication... J'étais effondrée devant cette absence d'informations, même les plus infimes. J'étais dès que je le pouvais au chevet de mon accidenté fiévreux, impuissante devant sa douleur. J'étais désemparée, seule avec mon enfant. Personne à l'hôpital n'a eu pour moi de mots réconfortants. Cette mauvaise fièvre lui donnait d'affreux maux de tête, des délires, le faisant plus souffrir que les blessures de l'accident lui-même. Chaque jour, après mon travail, j'étais près de lui, subissant l'inhalation de ces odeurs nauséabondes, je n'ai pas d'autres mots tellement j'éprouvais un rejet, un dégoût. A la sortie de Christophe, je m'étais juré plus jamais cela. Hélas je n'avais pas conscience que je ne maîtrisais pas tout. Et le destin en a décidé autrement. Et ces odeurs sont ancrées à jamais au plus profond de moi. Lorsque je retourne à l'hôpital, pour des réunions ou des visites de contrôle, j'éprouve toujours un certain malaise. Je voudrais pouvoir y entrer en apnée. Ne pas sentir cette odeur tenace.

Des effluves si particuliers, si pernicieux qu'on a l'impression qu'ils s'immiscent en soi, dans nos vêtements. Les odeurs sont désormais dans ma mémoire.

♪ Souvenirs, souvenirs ♪

Pour tenir pendant mon hospitalisation, pour ne pas devenir folle, je ferme les yeux pour oublier un instant que je suis là. Je me glisse dans une bulle virtuelle. Je me revois toute petite, gamine dans le jardin de mes parents.

Nous habitions un joli petit bourg au sud de la Loire-Atlantique. J'aimais gambader dans le jardin, tôt l'été, pour profiter des odeurs de rosée et des effluves de pain frais émanant de la boulangerie qui se trouvait à cent mètres à vol d'oiseau.

C'était bon, empreint de douceur. J'humais ce délicieux parfum d'une pâte qui chantait, crépitait en sortant du four et me régalais intérieurement. C'étaient les prémices de la gourmandise. J'ai en souvenir ce délicieux moment. Lorsque je me remémore ce doux instant à l'hôpital, cela m'apaise et me réconforte.

Penser, ne faire que penser aux bons moments pour tenir, ne pas craquer, avoir le moral pour surmonter cette dure épreuve que je vis. Ce n'est pas ressasser le passé car il faut vivre pour demain, il ne faut pas regarder en arrière, avancer. Je m'en suis toujours fait la devise. Mais que c'est bon de se remémorer ce souvenir, c'était tellement réconfortant dans ce milieu hostile qu'est l'hôpital. Une autre fois, je ferme les yeux et revois dans mes pensées les beaux paysages d'Irlande.

Des palettes de vert et bleu que jalousent les peintres avec une lumière que seule l'Irlande peut avoir. Une lumière, où de timides rayons de soleil déchirent le ciel gris bleuté voire nacré venant percer la mer. Cette mer qui peut être d'huile comme déchaînée. Les côtes irlandaises c'est Dame Nature dans toute sa splendeur. J'implore les hommes afin qu'ils aient la sagesse de laisser cette beauté sauvage perdurer.

L'Irlande nous y sommes allés en 1989. Ce fut le coup de foudre. Nous sommes partis en moto durant quatre semaines et avons sillonné les routes de cette belle île. Ce fut une découverte merveilleuse de ce pays et de ses habitants, d'un peuple convivial, attachant avec ses us et coutumes dont je suis admirative et respectueuse, avec ses traditions chargées d'histoire avec cet envahisseur anglais.

Chaque recoin de cette terre était attachant. J'avais l'impression d'y avoir déjà vécu. Je respirais très fort cet air irlandais afin de pouvoir m'imprégner de cette île, de ces paysages à faire pâlir par leur beauté, leur fraîcheur. C'était tellement apaisant. Depuis c'est ma seconde terre. J'aimerais y finir mes jours ou plutôt continuer mes jours après ma mort. Il y a un endroit magique dont je tairai le nom, la pointe d'une péninsule caressée par le Gulf Stream, où je souhaiterais que l'on disperse mes cendres. Je me sentirai tellement en repos, en paix, dans cet endroit-là ; ce lieu c'est le repos de l'âme. On pointe l'horizon et puis on se sent partir de l'autre côté de la mer, s'envoler tel un cormoran. Oh ! Comme cela fait du bien de s'enfuir de cette morne réalité et de ces douleurs qui me tenaillent. Le temps est long, interminablement long. Je n'ai plus mal à la tête mais compte tenu de la situation post-accouchement, ces maux m'empoisonnent. L'épisiotomie me fait mal, sans parler de mes seins qui me font souffrir à mourir. Allaitant Ronan, j'ai naturellement eu une montée de lait quelques jours après. Ces quelques jours concordent avec mon hospitalisation, j'ai les seins extrêmement gonflés et sans possibilité de pouvoir donner ce lait à mon « bout' chou » qui me manque terriblement. Les soignants me font des cataplasmes pour apaiser mes douleurs et me donnent un traitement médicamenteux afin de couper ce lait qui monte. C'est d'autant plus douloureux que je ne peux le donner. Donner ce sein à ce petit être qui vient de naître, sorti de mon ventre. Oh mon bébé, Dieu sait que tu me manques. Je m'inquiète. Comment ce petit va se construire sans sa maman ? L'avenir nous le dira. Chaque chose en son temps…

Aux p'tits soins

Mes frères et sœurs et mes parents sont très affectés par ce qui m'arrive. Tout ce petit monde s'organise autour de nous. Mes nièces viennent garder Jocelyn et Ronan.

R., ma belle-sœur, s'inquiète de mon confort à l'hôpital en me prodiguant ses bons soins. Prendre soin de son corps de femme, c'est essentiel. Un jour elle vient m'épiler et me passer du lait sur le corps. Comme cela est bon, réconfortant dans ce lieu acerbe. Lors d'une autre visite, elle m'apporte deux gâteaux dont un fondant au chocolat. J'ai encore en mémoire son goût. Je me régale en le dégustant - j'ai sublimé ce moment de plaisir gustatif. J'ai tellement besoin de douceur dans cet environnement hostile. C'est tellement jouissif que je me suis gavée de ces deux gâteaux. Je me souviens d'une aide-soignante me réprimandant pour ma gourmandise telle une gamine prise en flagrant délit : « Vous vous rendez compte, si vous vous gavez de gâteaux, vous allez devenir comment ? » « Ma pauvre dame, pensé-je à l'instant, je ne sais même pas comment je vais sortir de ce maudit hôpital, alors si tu savais comme je m'en fiche de tes remarques déplacées. » Si bien que le soir même, je boude leur infâme plateau-repas en signe de contestation. Ils peuvent se le garder ... Je me rebelle comme je peux. Merci R. pour ce geste réconfortant.

Famille je vous aime

Je ne pense pas que nous soyons un clan mais nos parents nous ont éduqués à leur manière, selon leur cœur. De plus j'ai une place toute particulière dans la fratrie. Je suis la petite dernière, pas vraiment prévue au programme, ma naissance survenant 13 ans après le 4e, R.

Nous sommes tous les cinq très différents et cependant nos parents nous ont inculqué quelque chose qui nous fédère : le bien-manger. Nous avons toujours plaisir à nous retrouver autour d'une bonne table. Je ressens l'unisson lors de mon hospitalisation.

Chacun à sa manière. C. se préoccupe de la santé psychologique des enfants en sa qualité d'enseignante. R. et R. aident matériellement Christophe à la maison. J. et C., ma belle-sœur M. et mon beau-frère S. sont également présents. Ils allègent notre quotidien. Pour ma part, je suis moins préoccupée de ce qui se passe à la maison. Un jour, ou plutôt un midi, R. vient pendant sa pause méridienne me voir. B. l'a fait également. R. m'aide à manger, faute de personnel. Il fait manger sa petite sœur. Comme je me sens toute petite ce jour-là. Mon grand frère, comme je t'aime ! Merci mille fois de cette présence. Je ne te l'ai jamais dit, comme j'aurais voulu te serrer fort dans mes bras ce jour-là.

Les jours passent et se ressemblent avec quelques variantes.

Un matin, au réveil, alors que je bâille, tout à coup mon bras gauche bouge. Faux espoir : on m'explique que c'est courant lorsque les patients sont atteints de paralysie, ils deviennent également spastiques. La spasticité va devenir au fil des jours ma compagne quotidienne dont je me serais bien passée avec ce handicap.

Les précieuses ridicules

La spasticité va devenir mon lot quotidien chargé de douleurs plus ou moins supportables.

Etre spastique, c'est avoir une augmentation du tonus musculaire sur un membre paralysé qui entraîne une raideur des membres, surtout de ma main. C'est un non-contrôle des muscles et du système nerveux. Autrement dit, je décline des schémas de marche et mon bras reste à l'équerre, recroquevillé sur mon ventre. Pas très confortable et esthétique, d'autant plus que j'ai les doigts qui se rétractent également. Alors les médecins me proposent un traitement parmi tant d'autres, que je ne vais pas du tout assimiler. Je suis complètement shootée, vidée de toute énergie. Alors gentil petit cobaye, on en essaye un autre qui semble mieux adapté à mon organisme. Mon corps devient un vrai baromètre car dès que le temps change, varie dans les extrêmes, il réagit. Les périodes de grand froid ou de grande chaleur me gênent particulièrement. Les médecins qui me suivent à St-Jacques me proposent un palliatif à cette gêne : la toxine botulique.

J'accepte un protocole avec un laboratoire commercialisant la toxine botulique car s'ils peuvent amoindrir la douleur et apporter un peu de confort aux patients atteints de spasticité, ça vaut le coup d'essayer. Suite à la première injection, je crie haut et fort qu'on ne m'y reprendra plus, tellement c'est douloureux. Mais après réflexion, le confort gagné durant trois mois (c'est la durée autorisée entre deux injections) me persuade de recommencer la thérapie qui consiste à me poser des électrodes et envoyer des petites décharges sur le bras afin que le médecin puisse localiser les nerfs liés à des muscles spécifiques qui, tels le biceps, le quadriceps, commandent ordinairement les mouvements du bras ou de l'avant-bras. Et voilà comment je suis devenue une adepte du Botox. Pas comme ces personnes précieuses qui, par coquetterie, ont peur de vieillir, de voir apparaître des rides.

Quand on m'annonce le prix que peut coûter une dosette de Botox, je ne peux que m'insurger concernant ces coquettes qui l'utilisent par futilité et non par nécessité. Ces précieuses me sont bien ridicules ! Laissons faire la nature, la vie ! Les rides d'expression, c'est l'identité d'un individu et je trouve cela plutôt joli.

Certainement plus joli qu'un visage lisse, dénué d'expression voire d'émotion.

Quand est-ce que je pars ?

Le temps passe en service neurologique même si je n'en ai pas l'impression. Je n'ai plus l'obligation d'être couchée, on va m'asseoir dans un fauteuil. Le chef kiné vient me voir afin d'évaluer mes capacités de récupération. Patiente, impatiente, je réitère encore une fois ma demande : « Quand serai-je sur pied pour recommencer à travailler ? » Je pense plus à retravailler qu'à une éventuelle rééducation. Il élude ma question d'un sourire évasif. J'ai encore droit pour l'énième fois au test de « M. Machin » qui consiste à suivre un doigt en mouvement afin d'avoir bien la notion d'espace et un champ visuel non restreint. Sans parler des sempiternelles questions récurrentes : « Quel jour sommes-nous ? Quel est le président de la République ? » J'ai failli volontairement répondre n'importe quoi. Alors que j'ai toutes mes capacités intellectuelles, ils vont me faire devenir folle avec leurs questions à la noix. Flûte !

Je veux qu'on me laisse en paix. Laissez-moi dormir au pays des rêves. Dans cet hôpital, je ne suis plus moi-même, je ne suis plus que l'ombre de moi-même, je ne suis plus un être humain. Je n'avais pas imaginé l'envergure de cette déshumanisation dans un lieu de santé où les soignants sont en sous-effectif, blasés par le nombre d'années à s'occuper d'autrui sans aucune reconnaissance de leur travail. Et qui sont les victimes au bout de cette chaîne ?

Les malades bien sûr. J'en fais les frais. Je m'en serais allègrement passée. Combien de temps vais-je pouvoir supporter cette ambiance inhospitalière ? Dans ce mot, c'est drôle, il y a hôpital mais qui n'est pas synonyme d'hospitalité. Tout est fait pour déplaire en ce lieu. On vous réveille tôt alors que vous avez difficilement trouvé le sommeil à cause du bruit et de la lumière dans le couloir. Le café est imbuvable, sans parler des repas, des toilettes quelquefois brutales faites à l'emporte-pièce. Je n'avais jamais pensé à la manière, pour un malade alité, d'aller uriner ou à la selle. Je découvre la sombre évidence, un matin, du passage au bassin. Cet appareil qui fait froid au dos et colle aux fesses, sensation bizarre. « Mais Mme

A., cela fait longtemps que vous n'êtes pas allée à la selle. On va vous mettre un petit suppositoire ». Alors dès cet instant je perds toute dignité. Elle me rentre le doigt dans l'anus. Ce n'est pas une situation naturelle pour moi, ni pour personne. De plus, ce médicament va m'aider à évacuer mes selles dans la douleur. Je me tords tellement j'ai mal au ventre et appelle urgemment de peur de faire sous moi car après un accouchement je n'ai plus de frein. J'en ai assez qu'on me tripote. Je suis irritée d'être tributaire des autres ici dans ce monde hostile. Je suis d'un caractère autonome, et j'ai rarement laissé quelqu'un décider à ma place. Je maugrée contre cet établissement. Je veux ficher le camp. Prendre mes jambes à mon coup. J'assène chaque jour aux infirmières la même question : « Quand est-ce que je pars ? »

Un jour arrive la bonne nouvelle par une infirmière que j'apprécie mais dont j'ai oublié le nom. « C'est bon pour le 16 novembre Mme A., vous allez être transférée à St-Jacques. » Le choix s'est arrêté sur cet établissement, question de proximité. J'exulte dans ce lit, je vais quitter cet enfer ! En fait, je vais troquer un borgne pour un aveugle. J'exagère, mais si peu. Lorsque j'arrive à St-Jacques, par une jolie journée d'hiver ensoleillée, je ne vois que le ciel bleu dans l'ambulance qui m'amène au centre de rééducation. Aïe ! C'est l'électrochoc. La cour des miracles est face à moi. C'est le ballet des paraplégiques, des tétraplégiques. Des pathologies que je n'avais pas soupçonnées, dues à des accidents tous autant hétéroclites les uns que les autres.

Accidents de la route, infarctus du myocarde, ruptures d'anévrisme, listeria, traumatisés crâniens. Je m'estime heureuse quand je vois tous ces naufragés de la vie. Chienne de vie !

J'étais toute guillerette d'arriver en ce lieu…

…Oh, il doit y avoir erreur, il y a maldonne. On m'attend peut-être dans un autre bâtiment. Ici au rez-de-chaussée je ne vais faire que passer. Ce n'est pas possible, je ne suis pas comme eux, c'est un mauvais reflet. L'être humain recroquevillé dans ce fauteuil roulant, c'est moi ? Une vitre me renvoie le reflet d'une femme, les cheveux ébouriffés, les lèvres tordues, la bouche qui bave, les épaules tombantes, les yeux hagards d'un être éteint, un zombi. Ce n'est pas moi... Je ne connais pas cette personne. J'ai peur !

Je me dis que je ne peux que m'en sortir vu l'ampleur des dégâts. J'y arriverai. A force de ténacité. Hélas, il n'y a pas que la volonté pour effacer ces séquelles qui seront bien présentes au quotidien.

A mon arrivée à St-Jacques, au 2e étage, je suis installée dans une chambre double avec une autre dame à laquelle j'adresse un bonjour en entrant. Sans réponse. J'en déduis qu'elle ne peut pas s'exprimer. Seul un regard perçant me répond, qui en dit long, un regard profond de détresse humaine qui me glace le dos. Malgré tout je m'installe, mes déplacements se faisant en fauteuil. Ma venue à St-Jacques, au centre de rééducation fonctionnelle, est une perspective de retour à la maison le week-end. Je vais enfin retourner dans ma chère maison, avec mes chers enfants, mon cher époux et mes chats, mon jardin. Pour l'instant, il faut travailler pour recouvrer la forme. Je fais la connaissance de ma kiné S. qui est douce, posée, me prend bien en main. Et le ballet des blouses blanches, médecins, internes, continue... Je suis manipulée comme un objet, pour faire le bilan de ce que je peux faire et ne pas faire. Un après-midi, deux jeunes internes viennent voir pendant une séance de kiné ce que je fais. L'une d'elles me dit, lors d'un exercice, le ponté pelvien, « Mme A., il faut vous appliquer, sinon vous ne pourrez pas sortir ce week-end. » Quelle sotte celle-ci, ce genre de chantage !

Je m'y emploie de toutes mes forces à le faire correctement, mais je m'effondre lamentablement, mes jambes se dérobent sous moi. Je suis en position d'échec. C'est mon corps qui commande et non moi. Comme si ce devait être la condition pour sortir. Je veux voir mes enfants, mes chers enfants. C'est dommage de manquer d'empathie à ce point !

Suis-je normale ?

Pourvu que j'évolue vite pour pouvoir sortir. J'en ai assez d'être traitée comme une malade quelconque du 2e ayant perdu toute notion du monde normal. Mais je suis normale ! J'ai envie de leur crier à tous : « Je suis normale – N.O.R.M.A.L.E. Arrêtez de me traiter comme une débile profonde. Je n'ai rien contre les malades mentaux, au contraire. Je ressasse dans ma tête des faits anciens qui font appel à ma mémoire. Je me parle anglais intérieurement. J'adore cette langue, j'ai toujours aimé. J'imagine que je converse avec John et Bridie nos amis irlandais. Apparemment je n'ai rien perdu. Je me plonge à corps perdu dans la lecture, hobby que j'avais auparavant. Je m'enfuis de cette atmosphère glauque à travers différents ouvrages qui me font éluder ce difficile quotidien, cet austère environnement. J'ai toujours eu la passion des livres depuis toute jeune. Lorsque je rentre dans une librairie je m'imprègne de ces odeurs de papier, oublie l'extérieur. C'est un plaisir de caresser les pages, feuilleter, découvrir un univers, oublier le réel. Je m'enfuis grâce à cette lecture de cet univers rude dans un monde imaginaire. J'ai découvert cette magie des livres en lisant à 14 ans *Le Grand Meaulnes*. Quel souvenir doux il avait laissé dans mon cœur ! J'avais réussi à atteindre cet état de plénitude. Oublier les éléments extérieurs agressifs et se protéger par l'imaginaire. Comme c'est beau. J'exulte dans l'étude de cet ouvrage que nous avait proposé notre professeur de français. J'avais fait des recherches sur l'auteur Alain-Fournier et la région de la Sologne et récolté lors de mon exposé une très bonne note. Je suis ravie d'avoir été récompensée de mon travail ainsi. J'aimais l'école. C'est d'ailleurs l'année où j'ai découvert avec extase les écrivains et poètes sud-américains pour mon plus grand plaisir, notamment Pablo Neruda :

Ode à la mer

Ici dans l'île
la mer
et quelle étendue !
sort hors de soi

à chaque instant,
en disant oui, en disant non,
non et non et non,
en disant oui, en bleu,
en écume, en galop,
en disant non, et non.

La soif d'apprendre, de puiser un savoir dans nos lectures. Les mathématiques ne sont pas ma tasse de thé mais au collège, mon professeur m'enseignait pédagogiquement ce qui me semblait indigeste. J'adorais cette prof. En fin d'année elle nous avait montré, au travers de diapositives, ses voyages en Asie. Elle nous avait fait partager la découverte d'autres horizons. Elle avait aidé mon esprit à partir vers des voyages intérieurs. C'était certainement une belle âme F.

La vie n'est pas un long fleuve tranquille

J'avais 32 ans, tout l'avenir devant moi. Tout allait bien, un fleuve tranquille, sans remous, une vie qui m'allait bien, peut-être banale pour certains. J'étais une femme française « ordinaire » et allais devenir une femme « exceptionnelle » comme le disent si courtoisement nos cousins du nouveau monde.

Ce mal qu'on appelle populairement attaque cérébrale, m'a fauchée brutalement comme un épi de blé. C'est brutal, foudroyant, ça arrive sans crier gare. C'est vraiment trop injuste ce qui m'arrive à mon âge. J'avais plein de choses à faire, plein de projets dans ma tête. Cet AVC me met à terre, me donne une autre dimension de la vie. La guerre est déclarée, je vais me battre, vaillant petit soldat. C'est comme une guerre en Tchétchénie dans mon corps. D'un naturel optimiste, étant un sujet jeune, les médecins sont pleins d'espoir à mon égard. Hélas, mon bras gauche ne veut dorénavant plus bouger. Je vais récupérer partiellement la marche aidée d'une canne. Les faits sont là, je dois me faire une raison, réapprendre à vivre avec ce handicap. Les médecins me tiennent le discours de faire le deuil de la vie d'avant. Je leur réponds, révoltée, que je ne veux pas faire le deuil. C'est surréaliste.

Je suis jeune. Cela va revenir. Redevenir comme avant. Il faut laisser le temps au temps... Je ne vais pas faire le deuil. Je vais réapprendre à vivre, reconstruire ce qui a été détruit après ce raz-de-marée, tel un tsunami, reconstruire malgré tout, avec ce qu'il reste.

Je suis croyante. J'implore ce Dieu absent pendant ces douloureux moments. Dieu où es-tu ? Dieu tu m'as abandonnée, je vocifère contre lui. Bon eh bien, je me débrouillerai toute seule, je me relèverai toute seule. Cet événement douloureux a balayé mes croyances ; certains s'y seraient raccrochés. Soit ! Je vais me battre sans cette aide spirituelle. Dieu m'envoie une épreuve ? Merci Dieu !

Le défi est lancé ! J'aime les défis. Mais pas ce défi. C'est plus facile lorsque l'on choisit... De toute manière je suis combative. Mais ce défi-là c'est soulever des montagnes.

De toute manière je n'ai pas le choix. Alors fin novembre, commence une longue période de rééducation fonctionnelle, des centaines d'heures de kiné (plus de 500, j'ai compté). En ergothérapie, je réapprends les gestes usuels de la vie quotidienne : se déplacer dans une chambre, se lever du lit, faire sa toilette, s'habiller toute seule, sans l'aide de quelqu'un, se maquiller, se coiffer, prendre une douche, aller aux toilettes (geste anodin de tous les jours, et pourtant avec une seule main, il devient difficile), préparer un repas, faire la cuisine. Moi qui adore cuisiner.

La planche miracle

Je vais cuisiner de nouveau ! E., mon ergo, me montre une planche pointée qui va remplacer ma main gauche défectueuse. C'est génial comme idée. Elle m'encourage à préparer un crumble aux pommes. Alors j'épluche les pommes sur cette planche aménagée, exercice fastidieux au départ qui deviendra commun par la suite. J'ai accompli ce geste sans trop de difficultés, alors c'est encourageant.

Recette de crumble

Pour 6/8 personnes :
250 g. de farine / 200 g. de sucre / 100 g. de beurre / 1 sachet de sucre vanillé /
4 belles pommes

Préparer ce crumble avec amour. *Épluger délicatement et épépiner les pommes.*
Les couper en lamelles et en tapisser le fond d'un plat (de préférence en faïence).
Préparer la pâte à l'aide d'un robot. Déposer dans le bol, la farine, le sucre et le beurre assez dur. Mixer. La pâte doit avoir l'apparence de miettes qu'il faudra répartir sur les pommes préalablement saupoudrées de cannelle à convenance.
Pour finir laisser cuire trente minutes dans un four thermostat 7 (environ 170°).
C'est à point lorsque le gâteau prend un aspect caramélisé sur les bords du plat.

Et maintenant chaque fois que je fais un crumble je pense à cet épisode d'apprentissage. Eh oui, cet accident est un raz-de-marée dévastateur ; il a tout rasé sur son passage. Il faut maintenant reconstruire avec les stigmates qu'il a laissés. Oublier le douloureux. Si seulement on avait la capacité de pouvoir supprimer la mauvaise mémoire, supprimer les mauvais fichiers comme sur un ordinateur, oublier, ne pas regarder derrière mais plutôt devant. Je vais devenir musicienne de la vie, composer avec la vie actuelle. C'est une nouvelle partition dont je n'ai pas la clef.

La Christine d'avant est morte. Renaissons donc ! Je vais devenir une boulimique de vie, jusqu'à épuisement car je fatigue vite. Le temps ne fait pas de miracles. Il colmate les brèches c'est tout. Le handicap et moi, on s'apprivoise désormais. Certaines brèches restent indélébiles à jamais. Mon séjour à St-Jacques va être une nouvelle brèche. L'instant volubile est bref. Ma compagne de chambre, jeune femme victime d'un accident de la route restée longtemps dans le coma. Elle est presque réduite à l'état végétatif dans ce lit. Les nuits se passent difficilement. Je m'enfuis de ce douloureux quotidien dans le sommeil. Hélas, je suis réveillée par des cris stridents : « Où sommes-nous ? » Au départ, je ne saisis pas que ma voisine de chambre a perdu tout repère de la vie courante. Je m'escrime à lui répondre : « Nous sommes à Nantes ». Par la suite, je comprends qu'il faut appeler les soignants pour la calmer. Et moi, je suis réveillée et retrouve difficilement le sommeil. De plus, elle est incontinente. Si bien que, dans la chambre, persiste une odeur nauséabonde qui vous soulève le cœur. Chaque matin, ma toilette se termine en m'aspergeant de parfum pour chasser les mauvaises odeurs qui émanent de cette chambre. Je me souviens, je me couvre d'Amarige. J'aurais pu devenir actionnaire de Givenchy vu le nombre de flacons consommés à l'excès ! (rires) Ils peuvent me remercier d'avoir fait monter la courbe des ventes ! Pour moi, parmi les incontournables gestes du matin, se trouve en bonne place se vaporiser de parfum ; c'est comme une seconde peau.

Un soir, alors qu'on me sert mon repas dans la chambre comme d'habitude, soudainement je sens une colère monter en moi, et je refuse de dîner dans la chambre. Je rétorque aux soignants : « Vous ne supporteriez pas cela vous-mêmes ! » Un peu de dignité voyons ! Je suis scandalisée de la façon dont on peut traiter un être humain. Ma petite révolte porte ses fruits puisque, dès le lendemain, je suis convoquée dans le bureau de la surveillante chef où je m'insurge qu'on ne tienne pas compte de ma détresse morale, et où l'on m'annonce que l'on va me changer de chambre. Je n'ai pas besoin de cette promiscuité en plus de ma pathologie. Je n'en veux pas à cette femme, mais la situation fait que cela m'est insupportable – au-dessus de mes forces. Ca aurait pu être moi, cette jeune femme alitée, condamnée à ne pas bouger, amnésique. Je compatis. Un jour, elle reçoit la visite de son époux et de ses parents. J'essaie de me faire discrète mais la promiscuité m'oblige à entendre.

Ils ont apporté une cassette sur laquelle sont enregistrées les voix de ses enfants. Ceci afin de lui déclencher une quelconque réaction, en entendant des voix familières. Lorsqu'ils quittent la chambre, ses parents viennent me saluer en me disant : « Vous avez de la chance Madame... » Oh oui, oh combien j'ai mesuré ma chance par rapport à cette famille brisée, toujours dans l'attente, même d'un signe, aussi infime puisse-t-il être. Je comprends tout à fait la décision de la mère de Vincent Humbert devant ce cornélien dilemme. Une mère, qui a donné la vie, peut décider de tout arrêter pour soulager son fils de l'insupportable, de l'innommable. De quel droit doit-on juger ce geste ? Qui sommes-nous pour juger ceux qui veulent mourir ? Ceux qui jugent n'ont jamais été confrontés à cette épreuve, ce ne sont que des égoïstes. Bien sûr, c'est un sujet d'éthique ; on peut concevoir des dérives et il faut des règles pour éviter ces dérives. Mais il faut décider en connaissance de cause. Un être humain a le droit de choisir de mourir dignement, sereinement.

Et Georges Bush, qui est-il pour pouvoir décider si oui ou non Terri Schiavo[1] doit mourir, cette jeune femme qui était dans le coma depuis 1991 et dont la famille et le mari se déchirent pour choisir si on doit la débrancher ? Quel homme a le droit de décider le sort d'un autre homme ? C'est un geste salvateur, il ne faut pas faire d'acharnement thérapeutique.

---

[1] En 1998, son mari Michael Schiavo fit la demande légale que l'on cesse de la nourrir. Ses parents, Robert et Mary Schindler, s'opposèrent à ce point de vue, et entamèrent une longue procédure judiciaire visant à maintenir leur fille en vie. Ils ont été déboutés, tant par la justice de Floride que par la justice fédérale qui estimèrent que Terri n'aurait pas souhaité continuer à vivre de cette façon, malgré une intervention controversée du Congrès à l'initiative du président américain George W. Bush, visant à la sauver. Elle est décédée de faim et de soif après que le cathéter qui la nourrissait a été débranché. Elle était catholique ; le cardinal Javier Lozano Barragan a dénoncé les événements en concluant que l'affaire avait toutes les apparences d'un meurtre.

Cela va souvent m'effleurer l'esprit au sujet de mon cas. Et si je ne dois pas tout récupérer, hélas, comment vais-je vivre ? Combien de fois ai-je dit à Christophe, au bord du découragement : « Je serais bien mieux morte ». Le suicide est un acte courageux ou alors désespéré. Comment peut-on caractériser cet acte de lâche ? Personne ne sait. Mais je peux comprendre qu'un être humain soit au plus profond des ténèbres, au fond de l'abîme.

Et ainsi, de jour en jour, j'acquiers la dextérité pour tout faire d'un seul membre.

J'apprends aussi à lacer mes chaussures d'une seule main. Imaginez-vous une journée durant avec le bras gauche dans le dos et faisant les gestes de la vie quotidienne de la main droite. Par exemple, plier un papier, dévisser un tube, remonter la braguette d'un pantalon et accrocher le bouton, tartiner du pain, casser un œuf en deux – tous ces gestes de la vie courante je les appréhende en ergothérapie, mais aussi seule chez moi jour après jour. Pouvoir ressortir sur mes deux jambes afin de goûter aux délices de la vie à l'extérieur. Le monde s'arrête lorsque vous êtes hospitalisé, mais pourtant le monde extérieur continue de tourner – il ne vous attend pas – c'est une demi-mort. Et on tue les journées qui n'en finissent pas de s'écouler. Mes après-midi à l'hôpital se résument à la sieste plus ou moins longue, selon le bon vouloir des soignants, s'ensuivent des séances de kiné ou des visites, et déjà arrive trop tôt le dîner ; les visites sont tout juste terminées vers 18h00 - 18h30 que l'on m'amène déjà mon plateau-repas en évacuant tout ce gentil monde venu m'apporter des nouvelles fraîches du monde extérieur. Et puis le plateau-repas enfilé, hop !, on me couche sans autre forme de procès, ou autrement dit on m'expédie. Opération rondement menée. Mais que vais-je faire encore allongée dans ce lit ? J'exècre la position horizontale. Voilà, en somme, à quoi se résument mes journées sans pour autant voir d'évolution.

L'Erika

Non je veux vivre, je suis encore vivante. « Tu n'as pas le droit », m'a dit Christophe, en m'annonçant avec délicatesse le décès d'une jeune femme de notre entourage. Elle avait mon âge, était maman d'un petit garçon et d'une petite fille née la même année que Ronan. Rupture d'anévrisme. Je reste transie par cette nouvelle. Cela aurait pu être moi…. Le peu que nous nous étions côtoyées m'avait laissé le temps de l'apprécier. Nous sommes devant un mur – un mur d'injustice. On a envie de taper du poing – Quelle injustice ! Et nous sommes impuissants devant l'implacable. Alors les jours qui suivent je me ressaisis, devant cette annonce qui m'a laissée abattue. Je dis à Jocelyn et Ronan, sans tomber dans l'excès, qu'ils ont ô combien de la chance d'avoir une maman toujours en vie. Que cela n'est pas le cas de tout le monde. Sachez apprécier mes enfants. Je vais me battre pour vous.

Le 12 décembre, je vois en direct L'Erika couler près de nos belles côtes atlantiques. Et moi qui suis pareille à ce pétrolier, échouée sur ce lit d'hôpital – pas pour les mêmes raisons. J'aurais peut-être été une de ces volontaires pour nettoyer ces plages souillées par l'or noir, tout cela à cause de l'argent qui mène le monde, tout cela par la faute et la suprématie d'un grand groupe pétrolier dénué de respect pour cette planète. Les bénéfices du groupe Total en 2005 étaient de 9.04 milliards d'euros, une hausse de 23% par rapport à 2003 grâce à la flambée du prix du pétrole.

Cela laisse rêveur, n'est-ce pas ??? Qu'allons-nous laisser à nos enfants, aux générations futures ???

Ce mois de décembre voit mon évolution, aussi minime soit-elle. Mon quotidien est peuplé de séances de kiné, d'ergothérapie, d'orthophonie. On parle des fêtes de Noël, et il y aura une trêve d'une semaine pour les vacances. Je vais enfin profiter de mon chez-moi et de mon entourage et de mes chats. Mes chats adorés, Sacrés de Birmanie, qui se prénomment Cassandre et Vanille. Ce sont des chats adorables, câlins, voire pots de colle.

Voici les vacances de Noël arrivées. Pour fêter l'occasion, une petite fête est organisée par la maîtresse dans la classe de Jocelyn. J'hésite à y aller. Après réflexion, je me fais violence – j'ai peur d'être agressée par le regard des autres.

Je n'ai pas mis les pieds ou plutôt les roues dans le monde extérieur depuis mon accident.

Si je n'y vais pas maintenant, cela sera d'autant plus difficile d'affronter le monde extérieur plus tard – alors je m'arme de courage sinon je n'irai jamais.

Le matin de la fête de l'école, je me réveille. Comme je suis bien, enfouie sous la couette. Il fait froid dehors, ce matin de décembre. Il m'est difficile de me lever, de quitter le nid douillet. Je m'arme de courage pour me tirer du lit et m'habiller. Nous nous réveillons tôt car il faut du temps pour me préparer. Je choisis des vêtements dans lesquels je me sens à l'aise. Je traînasse dans la salle de bain, je me maquille avec peine, tire un trait de crayon, en essayant péniblement de tirer sur ma paupière avec un seul doigt de libre, en l'occurrence l'annulaire. Un peu de blush sur mes joues pour me donner des couleurs. Je vaporise exagérément le parfum sur moi. J'entends les pas de Christophe dans le couloir et bientôt sa tête dans l'entrebâillement de la porte. « On y va ? », questionne-t-il.

Alors nous y allons... J'ai un nœud au milieu du ventre. Nous arrivons en classe, Christophe me poussant dans mon fauteuil. Je sens les yeux rivés sur moi. C'est dur !

E., la maîtresse, nous accueille – mon petit Jocelyn est fin prêt. L'ambiance est feutrée, peut-être à cause de ma présence. C'est peut-être moi qui ressens cette lourdeur, comme empreinte d'une gêne. Mais ce n'est pas moi qui dois avoir cette gêne. Plutôt les autres. Une maman d'élève m'en reparlera plus tard, me confiant sa tristesse de me voir comme cela diminuée physiquement. Moi, ne voulant pas perdre la face avec une once d'orgueil ou d'amour-propre (qui n'en a pas, ce serait mentir,), j'essaie de sourire. Je ne veux surtout pas qu'il y ait dans leurs yeux de la pitié. Non, juste un peu de compassion. Dans quelques mois j'irai mieux. C'est juste un dur moment à passer. Le petit spectacle dans lequel je vois évoluer mon petit Jocelyn m'émerveille et me donne du baume au cœur. De toute manière, désormais, je privilégierai les bons moments que pourront me donner mes enfants. J'avais l'instinct maternel, il est maintenant décuplé avec mon blond et mon brun, mes rayons de soleil. Je suis devenue louve. Pas touche à mes louveteaux !

Esperar !

Mes petits rayons de soleil sont excités à l'annonce de Noël approchant. Pour moi, ce ne sera pas un des plus gais Noël que j'aurai en mémoire. Avant de nous mettre à table, je me lève en marchant un peu en me tenant à la table, un petit peu fière de montrer mes progrès à mes parents et mes frères et sœur. Un peu surpris et étonnés, ils ont d'abord peur que je tombe, et optent finalement pour un sourire mi-figue mi-raisin. Je sens bien que pour eux il n'y a plus d'espoir. Moi, obstinée, je ne veux pas renoncer. Il y a encore de l'espoir. Attendre un peu que ce bras bouge. Attendre en espagnol se dit : « esperar ». J'ai encore un peu d'espoir. Cela fait tout juste trois mois que j'ai eu mon accident. Il faut s'armer de patience, devenir philosophe ; de toute manière, rien ne sert de s'apitoyer sur mon sort. Tel est mon chemin. Hélas, ma famille, ce sont les plus proches et ils sont partie prenante de cet événement douloureux. Je crois que cela a été amplifié par ma position dans la fratrie : j'ai beau grandir, je suis toujours « la petite ». Papa a un visage grave et triste que je ne lui connais pas. En tant que mère moi-même, je ressentirais le même désarroi je pense. C'est illogique que leur bébé ait mal. Je ne leur en veux pas, je les aime trop. Maman est d'un naturel plutôt pessimiste, et pourtant dotée d'une formidable énergie (c'est elle qui me l'a transmise) si bien que lorsque j'ai des visites, elle décourage mes visiteurs de rester en disant « ça va la fatiguer » alors que moi je jubile devant ces visites bienfaitrices pour mon moral. Et puis il y a ces éternelles réflexions se rapportant toujours à un sujet de comparaison, « Untel a eu la même chose que toi, et puis il n'a pas récupéré … », qui ont l'art de vous décourager et font perdre tout espoir quant à un hypothétique rétablissement. Heureusement que je m'interdis d'entendre ce genre de commentaires et que j'y crois au plus profond de moi-même.

J'ai touché le fond plus d'une fois et le toucherai certainement d'autres fois tout au long de ma vie. Notamment un soir passé chez des amis proches où nous passons la soirée, une soirée, où tout le monde s'amuse, qui me paraît interminable, une soirée qui traîne en longueur, pour moi, qui n'ai pas le cœur à m'amuser. Je les vois tous rire, moi qui pourtant aime rire. Je suis sur une autre planète ; je ne suis pas dans l'ambiance, calfeutrée dans un fauteuil. Je me surprends à les envier, comme un sentiment de jalousie. Loin de moi cette idée-là, qui me ressemble si peu. Je donnerais beaucoup pour échanger ma place – ils parlent de projets. Moi je n'en ai plus. Seulement le projet de redevenir comme avant. Le sens de ce mot « avant » est démultiplié vis-à-vis de la situation. J'utilisais communément ce mot avant, et il prend maintenant une autre dimension. Nous rentrons à la maison ce soir-là, moi au bord de l'épuisement. Je fonds en larmes dans les bras de Christophe qui me console malgré tout, me disant qu'il y aura des jours meilleurs. Doucement il me fait l'amour ce soir-là, me prenant avec tendresse, me donnant le sentiment d'être un être humain, une femme à part entière. Je renais sous ses caresses qui sont un baume cicatrisant sur mes blessures à l'âme. Eh oui, pourquoi les malades, les personnes handicapées n'auraient pas envie de faire l'amour comme les valides ? Pourquoi n'y aurait-il pas de désir ? Désirer, c'est vivre. Chaque âme malade ou bien portante a le droit d'aimer, d'être libre de rêver, d'être jeune dans sa tête, d'avoir envie, d'avoir l'humeur coquine ou espiègle.

Moi qui ai perdu confiance en moi, en bataille perpétuelle avec ce corps, je ne suis plus que l'ombre de moi-même, je ne suis plus qu'un être claudiquant. Je ne m'aime plus, l'image que je me renvoie est difficile au quotidien à supporter. Un être rabougri dans un fauteuil. Il faut que j'essaie de récupérer cette prestance qui faisait de moi une femme agréable à regarder. Une phrase de Sarah Bernhardt me vient à l'esprit – désormais j'en ferai ma devise : « Point n'est besoin d'être jolie, il faut le charme ».

La leçon de marche

Je vais réapprendre au fil du temps à m'aimer malgré cette moitié de corps qui me fait défaut. Je vais vivre dorénavant dans un carcan dont il faut s'accommoder, prisonnière de mes mouvements qui étaient des automatismes avant. Je suis des séances de kiné épuisantes, où il faut disséquer dans ma tête le schéma de marche pour le reproduire en réel.

En salle de kiné, je m'essaie à marcher entre les barres, développer cette marche qui est devenue si compliquée. Solliciter les releveurs du pied afin d'éviter le fauchage du côté gauche. Je m'applique en bonne élève sur un fond musical qui me donne le rythme. La radio diffuse une chanson d'Eddy Mitchell en boucle. Je l'entends plusieurs fois dans la journée. Cette chanson me semble opportune par rapport à ma situation et je fredonne : *« J'aime pas les gens heureux, faut toujours qu'ils s'aiment, ce sont toujours les mêmes, il y en a que pour eux, l'amour ça rend zen, j'aime pas les gens heureux, j'suis jaloux, y m'gênent »*. C'est la chanson que l'on entend fréquemment sur les ondes : elle résonne si bien en moi. Peut-être serait-elle passée inaperçue si je n'avais pas été malade ?

Alors avis aux oreilles distraites, aux yeux qui ont des œillères, regardez, écoutez les belles choses de ce monde ici-bas.

J'ai bien saisi la description du schéma de marche, la volonté est là mais hélas la pratique est désastreuse. J'exagère peut-être tellement je suis exigeante avec moi-même. La pratique n'est pas désastreuse mais peu concluante, pas à la hauteur de mes ambitions. Avoir les éléments théoriques en tête et ne pas être capable au niveau moteur de les mettre en pratique. Etre en situation d'échec, c'est dévalorisant. Auparavant dans ma vie, tout m'avait souri favorablement, et là, ce n'est plus le cas. Pourtant j'ai une équipe géniale de kinésithérapeutes en hôpital de jour. V., P., S. et M. successivement sont très encourageantes malgré tout et pleines d'affection pour moi – je leur en suis reconnaissante à elles quatre. J'avais sous-estimé la profession des kinésithérapeutes. Au fil des heures passées en rééducation, je découvre un métier plein d'humanité, des soignants qui pansent les blessures selon les pathologies. Les tables de Bobath sur lesquelles se penchent les confidences de chacun et qui essuient les larmes de douleur. Chers kinés, comme je vous aime, vous qui êtes en aval des décisions des médecins perchés sur le piédestal de leur science, avec mise en pratique et obligation de résultat. Vous êtes les artisans de notre guérison physique et morale.

Je passe six mois dans l'unité de jour, ce qui consiste à rentrer tous les soirs à la maison. C'est devenu plus confortable. Je reprends le cours normal des choses, étant là pour mes enfants qui ont été privés plusieurs mois de ma présence. Auprès de Ronan j'instaure une position de maman, place que j'ai perdue contre mon gré. Nous nous apprivoisons petit à petit avec ce bébé qui commence à s'éveiller – nous grandirons ensemble mon petit. Quant à Jocelyn, je le couvre de câlins – je rattrape le temps perdu. Je les étouffe d'amour mes petits – j'ai un trop-plein d'amour dont ils ont un peu manqué malgré les attentions de l'entourage. Cela ne remplace pas l'amour d'une maman.

Je commence progressivement à me faire à l'idée de ce handicap qui va devenir permanent. Je m'acclimate à cette vie dans ma maison, en essayant d'adapter les gestes quotidiens du mieux que je peux. Mes genoux et ma bouche vont devenir ma main gauche. C'est-à-dire que je coince une enveloppe entre mes genoux pour l'ouvrir. Et ma bouche de servir de main gauche lorsqu'un bouchon récalcitrant me résiste. Je le croque alors à pleines dents (comme ma vie !)

Et tout ceci à mon rythme – un nouveau rythme –, je ne vais plus pouvoir vivre à cent à l'heure mais au contraire doser mes gestes de manière à ne pas faire de faux pas.

Quelquefois l'élan m'emporte, j'oublie que je ne peux plus marcher vite, sauter et alors là, le handicap me rattrape, omniprésent, c'est la chute. Quelle vexation ! Lorsque quelqu'un tombe, on s'en amuse. C'est une situation comique, insolite. Pour ma part, je m'applique à ne pas tomber. C'est tellement frustrant. Je suis en train de faire les gestes quotidiens redondants, des gestes anodins qui me font vite oublier mon état et puis soudain, sans prévenir, je perds mon équilibre fragile en somme. C'est humiliant à souhait. S'il n'y a personne, ça va. Je me rattrape comme je peux – système D. Mais si c'est en société, une gêne s'installe. Une envie subite d'être pris d'un éclat de rire, c'est humain – je serais la première personne à rire, c'est hilarant. Mais là, compte tenu de mon handicap, les gens se retiennent de rire. Cela fait encore plus mal. Pour s'ajouter à mon fardeau, un jour je tombe lourdement sur mon bras gauche que je ne sens pas. Si bien que je ne sens pas la douleur à chaud. C'est un après-midi pendant les vacances de Noël – je me souviens les cliniques sont en grève.

Alors nous voilà partis à la recherche d'un service de radiologie pour finalement constater que j'ai le radius cassé. Agréable, la cerise sur le gâteau ! Je reviens à la maison avec un avant-bras plâtré. C'est quelques jours avant la reprise de mon travail. Charmant ! J'ai tant envie de reprendre, de revoir du monde, qu'il m'est inconcevable de prolonger mon arrêt de travail.

Comme ce bras gauche ne m'est d'aucune utilité, je reprends donc avec le bras dans le plâtre. Certains doivent se dire 'elle est complètement folle', mais j'ai tellement besoin moralement de voir du monde... Je suis désocialisée. Je ne fais pas de zèle. Je deviens folle entre quatre murs. Sortir, être à l'extérieur m'est vital.

De toute manière, lors de ma convalescence, cette idée n'a jamais quitté mon esprit. Mon objectif est de reprendre le travail bon an mal an, de persévérer dans ma rééducation afin de pouvoir retravailler malgré mon handicap. Avoir une vie active ; je suis d'une génération de working girls. J'ai 32 ans et ma vie ne s'arrête pas là. Il faut malgré tout continuer à vivre. Etre une madame tout le monde, avoir une vie « normale ». Pour cela il va falloir acquérir une certaine autonomie. Mais pour acquérir cette autonomie, chère autonomie, il va falloir s'armer de courage car les claques qui vont tomber, je ne les ai pas soupçonnées. Mon parcours du combattant a commencé le 20 octobre 1999 et durera *ad vitam aeternam*...

Le bug de l'an 2000

L'an 2000, ah ! L'an 2000, le "passage à l'an 2000". On en faisait tout un fromage, ou plutôt les médias en faisaient l'affaire du siècle (ils n'avaient rien à se mettre sous la dent à ce moment-là certainement).

Pour ma part, et pour ne pas faire comme tout le monde (rires), mon ordinateur de bord bugue quelques semaines avant le passage à l'an 2000 ! Résultat : je passe mon réveillon de l'an 2000 dans un fauteuil roulant, heureusement bien au chaud à la maison entourée de ceux que j'aime. Rien de très grisant malgré les bulles de champagne.

Je me souviens, j'avais alors 13 - 14 ans, j'étais descendue avec mes deux amies d'enfance L. et C. au bord de la Maine. Nous aimions aller passer des après-midi entiers dans cet espace verdoyant où nous découvrions l'ivresse des premières cigarettes en cachette et sortions tout doucement de l'enfance. Cet endroit bucolique fut le témoin de notre émancipation. Je me souviens, un jour, notre conversation avait glissé vers une question visionnaire. L'une de nous trois avait prononcé cette phrase « En l'an 2000, nous aurons 33 ans, que serons-nous devenues ? »

Si bien qu'en ce réveillon de l'an 2000, cette phrase prémonitoire résonne dans ma tête tel un glas. Après ce réveillon bien calme, je vais reprendre le chemin de l'hôpital, quitter mon nid douillet vers le chemin de la rééducation.

Ma rééducation à l'hôpital se termine en juin 2000, soit huit mois après mon AVC. En accord avec les médecins qui me suivent, mon état étant stationnaire, ne progressant vraiment plus, ne régressant pas non plus, il est jugé plutôt judicieux d'arrêter. Mon mental ne veut plus de kinésithérapie, et les kinés s'occupant de moi ont exploré les différentes solutions jusqu'à épuisement. Il est convenu que je continuerai dans un cabinet privé, ce sera plus motivant pour moi ; ne plus voir ce cadre de l'hôpital que j'abhorre maintenant. Il va falloir penser à une vie sociale, récupérer une certaine autonomie malgré le handicap qui perdure, reprendre le goût de vivre. Au mois de juin, je quitte ce maudit fauteuil, commence à pouvoir tenir un certain temps la station debout. Je vais pouvoir m'adonner à mon activité favorite : la cuisine. La cuisine, c'est à mon sens faire don de soi, la cuisine, elle se vit, c'est comme un partage. La cuisine, c'est un acte d'amour, c'est faire plaisir à l'autre. Il faut aimer la vie et les autres pour aimer la cuisine. La cuisine, c'est aussi être curieux, découvrir d'autres saveurs, d'autres contrées.

Je me souviens avoir invité nos amis F. et P., V. et O.. J'avais préparé des huîtres tièdes au muscadet. Après une dégustation qui imposait un silence monastique, P., les yeux scintillants s'était exclamé : « Comme c'est délicieux Christine ! » avec son joli accent landais.

C'est cela la cuisine, faire plaisir à l'autre, s'appliquer à faire exhaler les saveurs des mets, faire se réjouir autour de vous des gens que vous aimez en toute simplicité et avec attention. Partager notre patrimoine, notre terroir. Quel plaisir !

Pouvoir tenir devant mes fourneaux relève de l'épreuve de force. Dans les premiers temps, je suis épuisée après trente minutes de préparation mais je vais persévérer. Un soir où je concocte un petit dîner un peu plus élaboré qu'à l'ordinaire, Jocelyn, du haut de ses cinq ans, s'exclame auprès de son père : « Papa, nous avons retrouvé notre Maman. C'est délicieux Maman ! » Cette exclamation d'enfant est un cri du cœur. Jocelyn s'est très peu exprimé après mon accident. En apparence, il n'est pas perturbé, mais cette phrase traduit qu'il est triste d'avoir perdu sa maman d'avant. Il n'a pas idée ô combien ce compliment me réconforte. Je retrouve naturellement mes marques dans notre famille. Voilà une barrière de passée, de gagnée. Je ne suis plus en situation d'échec, de doute mais de renouveau. Comme avant. Ce que je préparais en dix minutes auparavant m'en prend désormais vingt. (C'est comme un marathon : peu importe le temps réalisé, réussir, c'est persévérer dans l'endurance afin de parcourir la distance et d'atteindre un but). Je m'adapte progressivement à ma situation. Il faut prendre son temps, il n'est plus question de courir. Jean de La Fontaine me revient en pensée : « Rien ne sert de courir, il faut partir à point … ».

Faire le deuil, tels ont été les mots du corps médical. Ils ne sont pas adaptés à ce que j'aurais aimé entendre mais progressivement, il s'avère qu'il me faut accepter cette nouvelle situation.

Inconsciemment je vais l'accepter. Je vais m'équiper d'un couteau-fourchette, instrument qui consiste à couper un aliment d'une seule main en faisant levier ; bien sûr, l'instrument étant fabriqué en série limitée, son prix est excessif. Comme tous les équipements pour les personnes handicapées ! C'est la dure loi des minorités. Je me mets à faire du tri dans ma garde-robe, éliminant les vêtements inadaptés du fait que je ne peux pas bouger mon bras gauche. Je privilégie l'achat de chemisiers plus faciles à enfiler que des tee-shirts ou des robes. Même combat pour les chaussures. En faisant du tri, je me rends compte combien j'aime les chaussures. Je suis plutôt talons plats, alors ce n'est pas un changement radical. Mais maintenant, je vais plutôt m'orienter vers des souliers confortables pour mon pied gauche. Finie la fantaisie d'un joli escarpin à talon qui galbe le mollet. Je vais plutôt vers les standards qui n'ont rien d'exaltant. Je suis plutôt coquette et fonctionne pas mal au coup de foudre pour les vêtements. Alors c'est certain, je ne vais plus me sentir exaltée à l'achat d'un article. Je vais surtout privilégier le fonctionnel mais petit à petit, avec l'expérience, je trouve des compromis. Cela s'appelle la capacité d'adaptation !

Ca ne s'invente pas !

Femme caméléon !

Vous avez dit Caméléon – Femme Caméléon.
Ah, tiens je me souviens. C'était dans les années 90/95, un groupe de ska rock qui tournait dans la région nantaise – je les avais vus en concert, et j'avais bien aimé. Cette tendance rock avec une place prépondérante pour les cuivres. Mais revenons à nos moutons. C'est mon esprit qui se disperse – eh oui, voilà un résultat génial de l'AVC. Le fait que je perde le fil de mon idée si je n'évoque pas oralement mon idée, c'est la mémoire immédiate qui est défaillante. *« J'ai la mémoire qui flanche, je m'souviens plus très bien…. »*

Donc je suis devenue femme caméléon qui s'est adaptée à tout genre de situations. Disons plutôt qu'avec le handicap je vis par anticipation, et peut-être par procuration dixit J.-J. Goldman. Mon quotidien laisse peu de place à l'improvisation. Dès que je dois me rendre dans un endroit inconnu, je me pose la question : « Y aura-t-il des marches ou une rampe d'accès ? Ou peut-être un ascenseur ? Vais-je devoir faire le tour du bâtiment pour pouvoir y accéder facilement ? » Chaque parcours qui semble simple à une personne valide devient vite un obstacle pour moi. Ou alors, pour faire une activité de loisirs avec un groupe de personnes (en famille, entre amis, ou entre collègues), on oublie vite une personne handicapée (ou bien alors j'ai vite fait oublier mon handicap à ceux qui me sont proches) – eh oui, ce n'est pas l'envie qui manque de faire de l'accrobranche ou du golf ! Désolée, no lo sé no puedo !! Pouvoir, ah pouvoir ! Quel bonheur suprême, le verbe pouvoir. Loin de moi maintenant pour certains gestes de tous les jours.

Désolée, je ne peux pas. Ah oui, c'est vrai on avait oublié…
Je n'en veux à personne mais il faudrait simplement un autre regard pour que personne ne se sente lésé. Le handicap au quotidien, je le définirais comme un jour qui se lève encore, encore un matin, un matin où rien ne s'est passé durant la nuit, rien n'a changé. Je me lève difficilement, les membres encore engourdis par le sommeil, en essayant de faire attention à mon pauvre dos qui souffre d'une mauvaise démarche. Parfois, je

n'ai pas assez de force, et alors heureusement, je retombe sur ce lit qui me sert de garde-fou pour les chutes éventuelles.

La période la plus difficile est lorsque je reprends à travailler et que les garçons sont petits. Mon gentil Jocelyn s'assume tout seul pour s'habiller, pendant que j'habille Ronan qui n'a que deux ans et pas encore l'autonomie nécessaire pour le faire tout seul. C'est à ce moment-là une course contre la montre chaque matin, pour me préparer moi-même avant de préparer les enfants pour aller chez l'assistante maternelle. J'arrive au travail, et j'ai déjà à mon actif une demi-journée de travail, j'arrive au bureau à 50 % de ma capacité physique, fatiguée par les préparatifs du départ matinal. Je trouve l'imprimante trop loin de mon bureau mais je n'ose pas le dire de peur de déranger. Ou encore des mauvaises langues vont parler de favoritisme : et puis tant pis pour les jaloux. Qu'ils aillent au diable !

J'ai une invalidité à 80 % à vendre, je brade. Qui en veut ? Personne n'accourt, c'est bizarre ???

Je me rappelle une visite chez mon neurologue durant la rééducation, accompagnée de Christophe. Il m'explique gentiment, sans brusquerie, ce qui va changer dans ma vie et ce à quoi je dois faire face. Je l'assomme de questions par rapport à sa propre expérience de médecin et comme un fait douloureux, je lui fais part de mes inquiétudes. « Mais rendez-vous compte, avec ce handicap, je vais perdre ma féminité » car au fond de moi je suis femme, 100% femme, avec une part de séduction sans doute comme toutes les femmes. Et à ma surprise, Christophe et le Dr G. répondent unanimement, comme s'ils s'étaient passé le mot : « Mais pas du tout, la féminité est en vous ». Cette question peut paraître futile, mais pour moi elle a tellement de sens, une forme de reconnaissance aux yeux des autres, se sentir aimée. Ne plus être un « vilain petit canard ». Même si à mes yeux, je ne suis plus qu'un pantin désarticulé, et même si j'ai peur du regard des autres, avec des encouragements pareils, persuasifs et encourageants, je vais me battre et aller vers les autres, ça ne doit pas être trop difficile. Dr G. sait trouver les mots, afin d'avoir et de reprendre confiance, rester vivante. Même si je tiens le choc. Je passe l'épreuve du feu, la rééducation, tellement longue, une école de patience et de persévérance. Je ne suis pas têtue, ni obstinée, seulement déterminée, il faut que j'arrive à mes fins (mon mari vous le dira – rires !), aux objectifs que je me fixe, la barre un peu haute quelquefois, c'est peut-être ma force. Un caractère de chi... ! me dit l'autre jour un collègue admiratif en plaisantant, qui n'en revient pas de m'avoir vue au plus bas et de voir où j'en suis maintenant. Il m'en félicite.

Liberté chérie !

La première étape est de pouvoir conduire une voiture qui sera équipée. Mon salut : mon permis d'avant n'est plus valable. Pour cela je passe une visite médicale des plus humiliantes qu'il soit. J'arrive à un service de la préfecture accompagnée d'une jeune femme d'un service d'insertion de l'hôpital. Deux messieurs me reçoivent dans une salle. L'un d'eux me demande de me déshabiller. Je suis sur mes gardes, pudique. Je refuse d'un bloc, lui expliquant qu'au cas où il n'aurait pas vu, j'ai des difficultés à m'habiller ayant perdu l'usage de mon bras gauche, la raison pour laquelle je suis là. C'est peut-être pour eux une visite de routine, mais pour moi cela n'en est pas moins une visite qui va être vitale pour mon avenir. Ils sont compréhensifs heureusement, et le dossier est rapidement bouclé. J'en suis soulagée. Le plus dur reste à faire. Passer des leçons de conduite et repasser l'épreuve stressante du permis de conduire que j'ai connue quelques années auparavant. Le jour de l'épreuve, je pars bille en tête, gagnante. « Je l'ai eu avec succès en 1985 du premier coup alors pourquoi pas aujourd'hui ? Car je pars avec un atout, l'expérience. » Je me souviens d'une anecdote ce jour-là. Après l'épreuve, je reviens dans le véhicule-école avec mon moniteur et l'inspecteur. Deux jeunes candidats un peu tendus attendent leur tour. Ils s'exclament en cœur : « Oh, veinarde, tu as de la chance, il paraît que ce n'est pas facile avec cet inspecteur-là ! » Que puis-je répondre à cette réflexion innocente ? – je me contente de sourire...

Ils ne savent pas la dimension que prend pour moi cet examen. Je viens de gagner une bataille sur le handicap. Cela me permet de voir devant, de faire des projets. Je vais m'acheter une nouvelle voiture, automatique et équipée.

Il y a tout un dossier à monter afin de bénéficier d'une aide pour l'achat.

Raconter la même histoire que celle que j'ai déjà racontée à d'autres organismes. Remuer le couteau dans la plaie en quelque sorte. Se justifier, prouver noir sur blanc qu'il y a un besoin évident. Je vais découvrir les galères de la paperasse, des dossiers égarés, qui mettent du temps à passer en commission, ou bien auxquels il manque une pièce essentielle. De manière à décourager les plus combatifs ! J'en ai assez de me battre, de me justifier pour des faits évidents pour moi, mais qui ne le sont pas pour des bureaucrates. Rien n'avance aussi vite que je le souhaite ; toutes ces embûches me font perdre patience.

De plus, je n'ai pas une mentalité d'assistée. Assez indépendante et fonceuse de nature, ma maxime a toujours été : « On n'est jamais mieux servi que par soi-même. » Comme dit la chanson de Voulzy *(Je suis née un onze avril)* : « *La fille d'Avril, pauvre de moi, une fille difficile, elle ne veut pas, découvrir d'un fil, tout ce qu'elle a, ni son cœur, ni son corps, c'est comme ça.* » Eh oui, je suis quelquefois une fille difficile, un caractère bien trempé. J'ai toujours filé mon chemin en comptant sur moi-même et non sur les autres ; une autre maxime me vient à l'esprit : « Aide-toi, le ciel t'aidera ! » qui me paraît juste et appropriée dans ma situation. Devant le fait de mon handicap subsistant, les autres qui souffrent eux-mêmes de me voir ainsi ne peuvent hélas rien pour moi ; moi seule peux m'en sortir. Il faut que je me fasse à l'idée que je vais vivre le restant de mes jours avec ce handicap et qu'il va falloir composer avec. Alors deux solutions : soit vivre ouverte au monde, soit vivre recluse, aigrie, renfermée sur moi-même, tel un ermite. J'ai envie de crier au monde cette injustice : « POURQUOI MOI ? ».

J'arrive à la date anniversaire de l'accident. Il s'est déroulé un an sans que je ne baisse les bras – et voici le résultat après tant d'efforts : je baisse la garde, allant de moins en moins assidûment chez le kinésithérapeute. C'est pourtant une aide précieuse mon kiné. Ch. prend soin de moi durant des heures. Il a l'art de tout dédramatiser et les séances n'en sont que moins laborieuses. Il me donne envie de persévérer. Avec cet homme érudit, les séances sont un moment de détente et de rire ; pour ma part je suis bon public et pas la dernière à lui faire des blagues. On se paye des minutes de rire tous les deux.

En novembre, j'ai enfin le véhicule équipé tant attendu. Je m'envole. Je me souviens ma première sortie toute seule : je me fais plaisir en allant au cinéma. Ma passion, c'est le 7e art !

Mes trois films cultes sont *Philadelphia* pour son humanité ; *Quand Harry rencontre Sally* – j'adore lorsque Sally simule l'orgasme féminin dans un fast-food, hilarant. Les hommes n'ont qu'à bien se tenir ! Et pour finir, le troisième, qui m'a tellement bouleversée par sa force des sentiments : *Sur la route de Madison*.

Quelques années plus tard, Clint Eastwood nous bouleversera encore avec ce que je qualifierai de chef d'œuvre pour moi, *Million dollar baby* (je suis sortie de la projection avec une amie, un nœud au ventre). J'aime l'atmosphère des salles obscures.

A moi cette forme de liberté, à côté de la geôle que représente mon corps dorénavant. Je me sens libre, libre...

Cet événement me donne la pêche, envie d'avancer. Avoir le sentiment d'être autonome, ne plus être tributaire des autres, vivre ma vie d'individu comme je l'entends. Je commence à penser à retravailler avec le handicap. C'est possible avec si peu d'aménagement. Je me dois de travailler pour m'obliger à me lever le matin, avoir un but, un leitmotiv. Se sentir utile à la collectivité, avoir un sens, ne pas se sentir un débris et voir du monde. S'occuper l'esprit pour éviter de ruminer de mauvaises pensées.

Je rencontre à cet effet l'assistant social, une personne chargée de l'insertion des personnes handicapées dans nos entreprises, ainsi que le responsable de plateau clientèle avec lequel je collaborais avant mon arrêt. Ils viennent à la maison, je suis ravie de voir du monde, car c'est de moins en moins le cas.

C'est curieux comme la mémoire de l'espèce humaine est liée à l'émotion. Ainsi, au début de mon accident, je suscitais l'émotion par la brutalité du fait. Le temps passant, sortie de l'hôpital, dans l'esprit du plus grand nombre, je suis tirée d'affaire. Oh, je ne me plains pas des visites que j'ai eues à l'hôpital, elles ont été d'un réconfort sans pareil, et m'ont offert un peu d'air frais dans cette atmosphère confinée. Toujours est-il qu'une fois rentrée à la maison, les visites deviennent plus espacées, la vie reprend son train-train.

Pour moi, le train-train, c'est d'affronter le quotidien, me lever le matin alors que rien n'a bougé pendant la nuit. Pas un miracle, rien n'a changé. On prend le même corps qui ne fonctionne plus totalement et on recommence. J'aspire au soir, où je me couche exténuée, et enchantée de partir dans mes rêves, mon refuge.

 Alors bien entendu, je suis ravie de voir ces messieurs pour cette visite de courtoisie qui me semble naïvement une démarche solidaire. Je saurai plus tard que le responsable de plateau souhaite constater « l'ampleur des dégâts » afin de décider si on peut me réintégrer dans le groupe clientèle. Eh oui, hélas, dans nos sociétés dites civilisées, la différence dérange. Je ne suis plus dans les standards requis vis-à-vis de la clientèle. C'est pour moi la peur de l'inconnu. Désormais, je m'emploie à faire connaître, faire savoir. C'est souvent l'ignorance qui fait du mal.

Musique

La musique est une révélation plus haute que toute sagesse et toute philosophie.
Beethoven

Ma philosophie : donner un sens à sa vie pour pouvoir continuer à vivre.

Cette musique que j'aime, universelle, au-delà des frontières, musique ethnique, musique classique, reggae, blues, soul music, rock. Mes oreilles ne se lassent pas d'écouter toutes les musiques du monde, liberté d'expression de tous les hommes et les génies de ce monde. La musique est tellement présente dans nos vies. C'est une ambassadrice pour tous les horizons ; elle fait passer des messages. Pour ma part, elle a marqué des tranches de ma vie. Une musique peut être fédératrice. Musique mon amie de tous les instants. L'essentiel, savoir écouter ! Ecouter. Ecoutez !

L'acceptation de soi, changée, diminuée, est un cheminement douloureux. C'est une terre étrangère où il faut apprivoiser une autre langue, une autre culture. Il faut apprendre à s'aimer avant de se faire accepter, aimer par les autres. C'est un travail sur soi. Jamais je n'aurais imaginé avoir autant de ressources, je me surprends moi-même. Quelquefois je suis épuisée, j'aimerais baisser les bras mais ma vraie nature reprend le dessus – j'aime la gaieté ou la gaieté est mon amie. Même punition pour le frère humour, je fais de l'autodérision, j'aime la vie alors il ne faut pas la bouder. Profitons, profitons pleinement. Je ne fais pas semblant, je ne fais pas bonne figure sauf quand je ne me sens pas bien, je m'abstiens. J'ai des périodes de cafard, comme tout le monde hélas mais j'essaie de les garder dans l'intimité, je n'ai pas envie de les faire partager à tout mon entourage. J'ai trouvé d'autres palliatifs. La musique, et bien sûr l'écriture.

La musique adoucit souvent les mœurs, elle adoucit également les maux.

J'ai trouvé ma trithérapie : la cuisine, l'écriture et la musique.

Lorsque j'ai un coup de blues, je m'isole avec mon baladeur passant mes musiques préférées, notamment Jean-Louis Aubert. La première fois que je le vois en concert c'est un soir d'avril, par hasard. pars à ce concert sans grande conviction avec des amis, sans soupçonner que cette soirée va me faire un électrochoc. Je n'en suis pourtant pas à mon premier coup d'essai en matière de concerts. Je suis subjuguée par la magie qui va s'opérer en écoutant ces mélodies toutes aussi belles les unes que les autres. A ma grande surprise, cela va me laisser un souvenir indélébile, tant cette soirée est une soirée d'émotion – l'ambiance que dégage cette salle en transe musicale. Je m'échappe par ces mélodies du monde réel, je m'esquive vers un « autre monde ». Depuis, je l'ai revu plusieurs fois en concert et je retrouve chaque fois les mêmes sensations, une invitation au voyage. C'est fabuleux, on voudrait que cela ne s'arrête jamais. Lui aussi a du mal à sonner le coup final, à lâcher prise avec un public en pleine effervescence. C'est magique – c'est l'effet magique de la musique, d'apprécier un spectacle avec des yeux d'enfant. A la fin du concert, je suis sidérée par ce que je viens de vivre émotionnellement, un voyage intérieur avec des chansons qui rejoignent mon âme, mon âme blessée qui a fait une croix sur le mot bonheur et que je viens soudainement de revivre – un bonheur musical, imprégnée de ses notes, de ses riffs qui vous donnent des frissons dans le dos jusqu'à la nuque. Cette voix si particulière, qui est du miel dans mes oreilles. Je prolonge le plaisir les jours suivants en écoutant en boucle *Commun Accord* sans me lasser. C'est mon côté passionnée. L'une de ses chansons retient plus particulièrement mon attention : c'est *Alter Ego*. La première fois que je l'entends, je suis seule dans ma voiture ; j'entends sur les ondes cette mélodie sans en savoir l'auteur (mais je crois reconnaître la voix) et puis je sens une larme glisser sur ma joue.

Cendrillon

On dit des natifs du signe du bélier qu'ils sont passionnés. Eh bien j'en suis la preuve vivante et je le revendique.

Mon premier argent de poche est le prétexte à l'achat d'un vinyle live de Genesis – je suis alors captivée par Phil Collins et sa dextérité à la batterie. Vient ensuite mon adoration pour le groupe phare de notre génération d'ados, Téléphone, que paradoxalement je n'irai jamais voir en concert. Ma chanson culte est *Cendrillon* (une des seules écrites par Louis Bertignac) - la morale de cette histoire ne me laisse pas de marbre car je n'aime pas les contes de fées. On fait croire les petites filles au prince charmant. Les contes de fées sont un palliatif pour l'être humain toujours en quête d'idéal ("Ils furent heureux et eurent beaucoup d'enfants..." – Ah bon, dites monsieur Perrault, les AVC n'existaient pas à votre époque ?). Je me suis toujours défendu d'en raconter aux enfants – heureusement je n'ai pas de filles et même si j'en avais eu, je me serais abstenue de leur raconter des histoires remplies d'illusions. Je n'ai rien contre les conteurs bien au contraire car un bon conteur est un bon narrateur de l'histoire de son terroir, pour l'amour de sa région, ses racines.

Toute jeune que je suis, une chanson est pour moi, et des milliers d'autres ados, la chanson phare d'une génération : c'est *La Bombe humaine*. Cette chanson est intemporelle ; quand je l'entends aujourd'hui, elle a encore plus de sens à mes yeux, moi qui suis entrée dans le monde impitoyable du travail et son lot de stress :

« *Mon père ne dort plus sans prendre ses calmants, Maman ne travaille plus sans ses excitants, quelqu'un leur vend de quoi tenir le coup...* »

Eire chérie

Nous avons tous des périodes musicales. J'ai un coup de foudre musical fin des années 80 début des années 90, avec le groupe irlandais mondialement connu U2. C'est à cette époque-là que je tombe en amour, « traduction littérale de l'anglais », avec ce joli caillou. Là, les mélodies de U2 et certaines chansons prennent toute leur dimension. *Sunday Bloody Sunday* prend tout son sens lorsque nous traversons Derry ou passons le poste-frontière avec fouille et questionnement des soldats anglais armés jusqu'aux dents. *Where the streets have no name* exprime la douleur d'un pays en guerre lorsque nous visitons Belfast d'où nous sortons rapidement du centre-ville pour respecter le couvre-feu et voir les murs tagués dans les quartiers dits sensibles, un no man's land. Entendre U2, c'est pour moi entendre le désarroi d'un peuple opprimé par l'envahisseur anglais depuis des siècles (je voudrais citer une description du Burren, magnifique comté à l'ouest de l'île, aux paysages lunaires. Ludlow, bras-droit de Cromwell, le décrivait ainsi : « C'est une région où il n'y a pas assez d'eau pour noyer un homme, pas assez de bois pour le pendre, pas assez de terre pour l'enterrer ! »). Une île d'une beauté à en perdre le souffle. C'est une population accueillante, conviviale, de génération en génération. Je ne me sens pas en terre étrangère mais plutôt en terre familière, comme si je la connaissais déjà, comme si j'y étais déjà venue. J'ai dû être irlandaise dans une autre vie !

Grand moment de solitude

Des jours d'abattement, de solitude morale, j'abandonnerais tout, je quitterais tout, je quitterais ce monde, je quitterais ce monde des vivants car j'appartiens maintenant au monde des survivants. Ce n'est pas la maladie, le handicap qui me hante, c'est le passage à l'hôpital qui m'a laissé des blessures indélébiles, ce monde kafkaïen. Jocelyn aurait dit à 5 ans : « Maman, l'hôpital c'est beurk, hein ? » Complètement déshumanisé, les malades étant des numéros sans défense entre les mains des médecins face à des situations absurdes, des examens douloureux et interminables, votre corps qu'on manipule tel un objet quelconque. Des médecins qui ont un humour désarmant, une carapace qui les protège contre l'attachement sentimental qu'ils seraient susceptibles d'avoir vis-à-vis de leurs patients.

La chance doit être avec moi lors de mon hospitalisation car je croise des médecins formidables. Dr G. et Dr R. qui vont m'écouter pendant et après, avec lesquels, au long de ces années, je tisse des liens amicaux. Ils n'ont pas tous deux la suprématie de leur science. Ainsi voici ce à quoi ressemble la médecine aujourd'hui.

Même s'il reste des récalcitrants... Il faut être vigilant et réactif pour les faire descendre de leur piédestal médical. Fini les patients candides, fini les patients dociles face à une science étrangère. Terminé les moutons de Panurge ! J'ai une pensée charitable pour les victimes de la diplomatie médicale : l'ensemble de ces personnes qui reçoivent en pleine face une claque qui s'apparente à la mauvaise nouvelle. Comme c'est brutal, violent. Pour ma part, l'accident a été brutal.

Je suis devant le fait accompli alors il faut soit reculer, soit avancer. Se faire à l'idée tout doucement que ma vie va changer, qu'il va falloir s'adapter. Il y a l'avant et l'après.

Soit refuser, et être tributaire des autres, ou être autonome, ce que je vais apprendre au centre de rééducation St-Jacques où je rencontre beaucoup d'humanité et beaucoup de pathologies différentes. Des cas qui me semblent beaucoup plus graves que le mien. Alors on relativise et on prend courage. Je vais dans ce centre réapprendre à vivre, me reconstruire. Il faut du courage, de la volonté. Mais la volonté ne fait pas tout. Pour ce qui est du courage, je suis blindée. Cela m'agace quelque peu lorsqu'on me dit que je suis courageuse. Je ne le suis pas plus qu'une autre. Je n'ai tout simplement pas le choix. Et j'ai découvert, enfouie en moi, une énergie. J'ai envie d'hurler à l'injustice. Je suis seulement en colère contre la vie, cette chienne de vie qui m'a fait un « croche-pied ». C'est traître. Eh oui ! Je suis en colère, restons en colère. C'est mon côté rebelle. Eh oui rebellons-nous ! C'est mon côté spontané qui s'exprime. J'ai envie de tout bousculer, il faut que ça bouge, je ne veux plus d'entrave, ou du politiquement correct. La colère donne de l'énergie, de l'éveil. Ne soyons pas endormis. Je suis encore en vie, j'ai encore des envies. C'est bon signe ; quand je n'en aurai plus...

C'est bon d'être en colère. Heureusement je ne suis pas en colère contre quelqu'un ni contre un fait. Peu de temps après mon accident, des proches ont la maladresse de faire comme réflexion « C'est à cause de la péridurale ». Peut-être que d'autres l'ont pensé mais se sont bien gardés de le dire. Au diable, les préjugés ! Merci de me laisser livrée à moi-même avec ma culpabilité... Si vous avez le décodeur : en clair, c'est de sa faute, elle n'avait qu'à pas opter pour la péridurale. Les médecins sont formels, mon AVC n'est pas une conséquence de la péridurale. J'ai eu la péridurale à mes deux accouchements, alors ? Je dois être une extra-terrestre, mais cette manie qu'ont les hommes de toujours chercher un responsable, ce côté mesquin, trouver un prétexte...

Et quand bien même ce serait la faute de quelqu'un, le fait est là.

Je rencontre des personnes lors de mes fréquents passages à l'hôpital qui ont mille fois plus de raisons que moi d'en vouloir à quelqu'un car leur vie a basculé par la faute de ce quelqu'un. Je me souviens d'un monsieur resté handicapé à la suite d'une agression par une bande de skinheads qui l'avaient laissé pour mort. Le cas également d'un monsieur trétraplégique à la suite d'un accident causé par un chauffard ivre qui un soir l'a culbuté au bord d'une route. J'ai croisé également ce monsieur paraplégique qui avait été appelé à 20 ans pendant la guerre d'Algérie et qui avait malencontreusement reçu une balle dans la colonne vertébrale, le condamnant à passer sa vie dans un fauteuil. Ces trois hommes auraient eu toutes les raisons d'en vouloir au monde entier, mais en y réfléchissant bien, il n'y avait pas de haine lorsqu'ils me racontaient leur histoire. A quoi bon ruminer des rancœurs si on essaye de continuer à vivre avec. C'est peine perdue de ruminer. Lorsque vous êtes passés par ce chemin-là, vous comprenez ; la réaction spontanée d'un valide serait de penser révolte – pourquoi dépenser tant d'énergie inutile ?

Avec des si, on referait le monde. Et pas forcément au goût de chacun...

The serial killer

L'AVC, communément appelé « attaque ou congestion cérébrale », l'accident vasculaire cérébral donc, résulte soit de l'obstruction d'un vaisseau réduisant l'irrigation sanguine dans une zone cérébrale, soit de la rupture d'un vaisseau provoquant une hémorragie.

L'AVC est un *serial killer* qui tue toutes les quatre minutes en France. C'est 150 000 cas par an en France contre 120 000 infarctus. En termes de maladies cardiovasculaires, il est plus commun dans l'esprit des gens de faire un infarctus qu'un AVC. Le fait est encore rarissime pour la tranche d'âge 15/45 ans : 10 à 30 pour 100 000 habitants. Pour la tranche d'âge 55 à 64 ans, 170 à 360 pour 100 000, et à partir de 75 ans, 1 350 à 1 790 pour 100 000.

C'est la troisième cause de mortalité en France et la 1ère cause de handicap dans le monde occidental. Une personne sur cinq décède dans le mois qui suit l'AVC et les trois quarts des survivants gardent un handicap.

Je ne rentre pas dans les cases de ces statistiques, étant donné que les facteurs de risque sont principalement le tabac, l'hypertension, le diabète. Etant enceinte avant mon AVC, j'avais une vie on ne peut plus saine. J'ai d'autant plus de raisons d'être en colère, mais se battre contre des moulins, tel un don Quichotte, c'est une bataille infinie. Ce qui a changé dans ma personnalité, c'est l'agressivité, mais je m'en suis vite aperçue. Je suis hyperémotive alors que je ne l'étais pas avant. Je pleure plus facilement. Je me mets plus facilement en colère, chose que je ne faisais pas avant. C'est difficile d'être toujours en échec avec ce corps qui ne suit pas la volonté. Ce qui a changé en moi, c'est difficile à accepter pour moi et pour mon entourage. J'ai des difficultés de concentration. Je suis devenue velléitaire. Etre consciente que je ne vais pas au bout de mes actes, quoi de plus frustrant alors qu'avant, avec mon caractère organisé et perfectionniste, j'allais au bout des choses. Je prends mon mal en patience, apprends à prendre mon temps pour effectuer un geste qui avant était un automatisme et qui devient là un parcours du combattant. Je pense surtout aux corvées de courses dans les supermarchés. De vrais labyrinthes, des allées interminables qui me donnent l'impression d'avoir couru un marathon, et qui me laissent épuisée au sortir du magasin. A ma grande satisfaction, je me réconcilie (je n'étais pas fâchée, seulement hypnotisée par la fée marketing ou plutôt, devrais-je dire, sorcière marketing) avec les supérettes du coin, qui offrent un peu d'humanité ! Lorsque vous cherchez un article, on ne vous regarde plus avec des yeux ébahis car on vous connaît, et puis je papote à mon passage en caisse avec une caissière épanouie et souriante qui ne croule pas sous les infamies d'un client aveuglé par la société de consommation.

Enfin, tous les gestes quotidiens, je les apprivoise différemment, avec patience ; par exemple se maquiller ou se brosser les dents en dévissant un tube de dentifrice qui d'une seule main devient vite récalcitrant.

Vivre avec cette agressivité, je me rends compte que cela ne mène à rien. D'autant plus que les contacts avec les autres sont devenus difficiles devant mon impatience. J'essaye de me contrôler, c'est un réel travail sur soi, sinon je vais faire fuir tout le monde. Je développe un relationnel que j'avais précédemment, que les gens n'aient pas peur de moi, vis-à-vis de ce handicap. Car bien sûr on pense qu'on ne voit que ça alors que ce n'est pas réellement flagrant, m'a-t-on dit. Cela ne m'a pas demandé beaucoup d'efforts, c'est presque venu naturellement. Au fil du temps, j'ai retrouvé ma joie de vivre, l'envie d'aller vers les autres. C'est devenu naturel d'aller vers les gens qui sont un peu intimidés, qui éprouvent une gêne, et d'oublier ce fardeau. Le handicap des autres est un reflet de soi-même ; il montre à l'être humain combien il est vulnérable. Combien un accident est si vite arrivé – aujourd'hui tout va bien et demain peut-être tout peut basculer, ça ne tient qu'à un fil... et si c'était contagieux ???

La canne

Cela me rappelle un épisode un peu particulier, qui montre que ce n'est pas évident pour tout le monde. Alors que pour moi ça l'est devenu. Nous préparons nos vacances en Corse l'été 2003 avec un couple d'amis, réservons les traversées de bateau, et à cet instant D. me dit qu'« avec ma canne », j'ai droit à une réduction pour la traversée. Le pauvre, il a essayé de m'amener le fait avec diplomatie, attentionné, de peur de me blesser peut-être. Je ne réagis pas dans l'instant mais, plus tard, je ne manque pas de lui préciser gentiment que, dans mon cas, il s'agit de handicap, n'ayons pas peur des mots.

Appelons un chat un chat ! Je ne lui en veux pas, je suis détachée de ces choses-là, j'ai appris à apprivoiser les claques. Mais il ne faut pas lâcher prise. Pour ma part, j'oublie mon handicap sauf si malencontreusement il me rappelle à l'ordre. J'en ai la preuve irréfutable : je ne suis pas une canne, tout comme un paraplégique n'est pas un fauteuil, nous sommes des hommes et des femmes.

Je suis Christine, une femme, une maman, une citoyenne du monde, un être humain tout simplement.

Aller vers les autres, faire le premier pas, c'est plus facile ensuite. Il y a toujours des personnes malvenues pour me rappeler à l'ordre, mais j'ignore ce genre d'individus sinon c'est un aller simple vers la bassesse des propos. Ma canne est devenue un détecteur de cons !

Lorsque je prends possession de ma voiture, au début, je trépigne si un emplacement handicapé est pris. Je vais agresser l'objet du délit pour me voir envoyer sur les roses, quand ce n'est pas injures, quolibets, lazzis accompagnés de menaces, comme la fois où je demande à un monsieur bien portant de me laisser la place. Il me sort son lot d'injures calomnieuses. Je suis outrée par ce manque de civisme. Je n'abandonne pas. Je déteste la délation mais la situation est tellement absurde que je vais solliciter l'aide d'un vigile du parking qui, gentiment, le somme de céder la place qui m'est due.

Je comprends très vite que je ne gagnerai rien en étant agressive, si ce n'est m'attirer des ennuis, ce que je n'ai pas envie de supporter. Je déteste les rapports de force, les situations conflictuelles. Je n'ai pas envie d'être aigrie. Il y a déjà assez de personnes qui sont aigries par nature. Chez moi, c'est contre nature. Demandez avec le sourire un service, c'est plus agréable. J'ai encore demandé cette semaine, en passant à la caisse d'un grand magasin, si je pouvais passer devant un monsieur. Il m'a rendu mon sourire.

C'est plus agréable. De même, lorsque vous êtes au téléphone, souriez, vous êtes filmé. Un sourire se sent à la voix. Même si un jour je suis plus fatiguée qu'un autre, un sourire ça ne coûte rien. Il y a certaines personnes qui devraient se le faire greffer !!! La chirurgie esthétique fait désormais des miracles... Comme le cœur. Je suis handicapée physiquement mais hélas, en ce monde, il y a des personnes handicapées du cœur. Le programme de conception a dû buguer. On a dû oublier la case cœur ou la case émotion (rires).

Post-it

Ma convalescence dure environ quinze mois, bien assez longtemps à mon goût ; depuis que je suis entrée dans la vie active, je n'ai jamais été arrêtée aussi longtemps. Je trépigne de reprendre le travail, à mon rythme bien sûr, mais reprendre une activité à tout prix pour m'occuper l'esprit. Reprendre une activité afin d'avoir une raison de me lever le matin, me laver, me maquiller, mettre des vêtements que j'aime, me pomponner, me faire belle. La mise en invalidité n'est pour moi pas envisageable compte tenu de mon jeune âge – je m'estime encore utile à la société. Les médecins du travail de mon entreprise ne l'entendent pas de cette oreille-là. Je dois batailler ferme pour convaincre de ma reprise – qu'il est évident pour moi de reprendre mon activité, moyennant un aménagement léger (clavier ergonomique) qui ne va pas ruiner l'entreprise !!!

Au plus profond de moi, je sais que cela sera difficile, mais j'ai suffisamment d'enthousiasme pour reprendre. Ne pas être enfermée entre quatre murs chez moi. Il me faut voir du monde, ne pas me replier sur moi-même, au contraire avoir des relations extérieures. Je prépare progressivement ma rentrée pour janvier 2001 en travaillant ma mémoire immédiate qui me fait défaut avec l'aide de post-it à la maison. C'est laborieux. S'ajoute à cela la diction qui est toujours difficile et va être fastidieuse au téléphone puisque j'y passerai le plus clair de mon temps en qualité de téléconseillère. Mes responsables ne me mettent pas tout de suite au téléphone en réintégrant le travail. Il faut, dans un premier temps, que je me familiarise avec les méthodes qui ont évolué pendant les quinze mois d'absence. Je suis bien accueillie à mon retour. Mais au cours des mois, la situation va se dégrader. Le travail que je croyais salvateur va devenir pesant. Les données ne sont plus les mêmes.

Les choses ont bougé, les gens aussi. Ils ont à l'évidence évolué sans m'attendre. En mon absence, la terre ne s'est pas arrêtée de tourner. Moi aussi j'ai changé. Je suis, inévitablement, transformée. Les aiguilles de la pendule se sont arrêtées de tourner et je suis repartie à zéro. Je ne suis plus en phase avec ce monde du travail qui plébiscite le rendement, huit heures de base téléphonique à écouter les doléances des clients et à débiter le même refrain d'arguments types. L'impossibilité de faire une pause pipi quand le besoin se fait pressant. Une pression de tous les instants. Des robots en somme !

L'esclavage moderne, nous sommes au XXIe siècle !!!

Essentiel. Je vais désormais à l'essentiel – les données ne sont plus les mêmes.

Alors pourquoi m'ennuyer et me mettre la pression pour des choses futiles ? Il n'y a pas mort d'homme ! Juste des faits matériels !

Tout a un autre sens dans ma vie maintenant. Je me suis aperçue très tôt que j'étais de la race du commun des mortels ; on analyse l'essence même de la vie et de la mort. Beaucoup de personnes passent à côté. Maintenant j'ai envie de vivre pleinement ma vie et comme je l'entends. Je ne m'encombre pas de donneurs de leçons.

Les intouchables

Est-ce l'incidence de cet événement malheureux ou bien la crise de la quarantaine qui me fait penser cette ligne de vie ? Je ne veux plus m'encombrer de détails mais aller plutôt à l'essentiel. Je vis dans l'urgence. Dans l'urgence de vivre de bons moments, de vrais moments. Je ne m'encombre pas non plus dans mon entourage. J'apprécie à leur juste valeur mes proches, mes amis, ces personnes qui ont une beauté de l'âme. Ils sont rares ceux-ci, il faut les préserver auprès de soi. Sinon, les autres, c'est « périphérique ». Je ne m'encombre pas. Pourquoi s'encombrer ? C'est abrupt mais je suis sincère, c'est comme ça.

Je n'ai que faire des gens dont le discours est insipide. Ce n'est pas de la vanité. J'essaie de gagner du temps, et surtout de l'optimiser.

Du temps qui nous reste à vivre, moi qui ai frôlé la mort. Maintenant je sais, ça ne tient qu'à un fil. Je suis en sursis. Nous sommes tous en sursis !

Donnons-nous du bon temps sur cette bonne vieille terre où nous ne sommes que de passage. J'évite les « intouchables ». C'est ainsi que j'ai baptisé par dérision une certaine catégorie de personnes, vous savez ce genre de bulldozers qui foncent, écrasant tout sur leur passage, sans scrupules, persuadés qu'il ne leur arrivera rien, que tout leur est dû, qui ne se remettent pas en cause ; c'est bien dommage. Ils ne savent pas à côté de quoi ils passent. Ils passent, ne font que passer. Je sais reconnaître ceux qui ont l'âme belle. Ce sont ceux qui ont su m'écouter autant après qu'avant le raz-de-marée.

Maman chat

Les jours qui suivent mon hospitalisation, j'ai la sensation d'assister à mes obsèques. Les fleurs et les cartons affluent. Ce n'est pas péjoratif, bien sûr que cela me touche beaucoup, de se sentir aimée par tant de monde ; d'ailleurs je conserve précieusement ces mots d'encouragement qui m'aident beaucoup à garder le moral. J'évite de les ressortir car ils me ramènent à un douloureux souvenir. Je me souviens... J'adore le petit mot de mon amie B. C'est une carte comportant une gravure de chat (elle sait que j'adore les chats) ; cette carte raconte l'histoire d'une maman chat qui est tombée malade et qui doit vite guérir car deux petits chatons attendent patiemment que leur maman guérisse. Elle a trouvé les mots justes pour que je me batte. Mon cheval de bataille serait mes deux fils pour lesquels j'allais me remettre sur pied ! Cette attention particulière m'a beaucoup touchée, tout comme les autres cartes que j'ai accrochées sur un tableau de pensées. C'est le seul lien que j'ai avec l'extérieur, moi qui suis cloisonnée dans ce maudit hôpital, cette usine à malades, froid, sans âme, avec cette odeur particulière, cette odeur de charnier, qui me donne maintenant la nausée quand j'y retourne. Toutes ces attentions affluent parce que l'accident a quelque chose de brutal, saisissant. Une fois l'émotion passée, le quotidien reprend le dessus. Mais ils sont quelques-uns, quelques amis à rester après. Je pense à ma petite F., l'amie de tous les instants, surtout ceux des plus sombres. P. et J. eux aussi n'ont jamais démissionné, amis fidèles. Je crois l'après tout aussi difficile que le pendant. Car dans l'après, il faut faire face à la réalité, la diminution physique. Il faut oublier ce que l'on a été avant. La Christine d'avant est morte ce jour d'octobre, maintenant il faut reconstruire ; ça ne sera pas du neuf mais du fonctionnel. Ce sera une 2e vie. Le pendant, c'est traiter l'urgence. Etre devant le fait accompli ; on ne peut plus faire marche arrière. Il ne faut surtout pas regarder derrière sinon ça fait mal. Il va falloir s'armer de courage et s'entourer de gens qui savent écouter. Certains ne m'ont pas déçue, d'autres si. C'était prévisible. Les rats quittent le navire lorsqu'il coule. Mais ce n'est pas grave. Je ne suis pas amère. Je pardonne mais j'ai les noms ! Hi hi ! Cela m'a permis de faire le ménage autour de moi, de conserver l'essentiel. D'autres m'ont agréablement surprise. Je les remercie du fond du cœur. Il y a des gens que j'aime mais il est difficile de communiquer ensemble, peut-être par pudeur. Pourtant j'en parle librement. J'ai peut-être construit un mur autour de moi comme un bouclier sans m'en rendre compte. Ce n'est en fait qu'incompréhension, nous n'arrivons plus à communiquer ; je n'ose pas me plaindre car j'ai peur de déranger, ce n'est pas naturel pour moi de geindre. Pourquoi se lamenter lorsqu'on a vu toute la déchéance humaine, lorsqu'on a vu des êtres humains éprouvés par la maladie, un mauvais destin, lorsqu'on a vu des personnes qui ne se remettront jamais de ce mauvais sort, on n'a pas le droit de gémir. Je veux peut-être inconsciemment qu'on m'oublie. Je veux surtout ne pas lire dans les yeux des autres de la pitié, surtout pas de la pitié ; la pitié, c'est la monnaie des pauvres, des pauvres de vie, moi je suis riche de cette vie, chaque particule de ma peau est un atome de vie. Je suis doublement, triplement vivante !

 Ce voyage en terre étrangère, cette place que je me suis faite et que j'ai gagnée, je n'ai pas envie d'en changer. Alors « au diable la pitié malsaine », je ne suis pas pauvre Christine. Curieusement, j'ai le sentiment certains jours d'avoir toujours vécu avec un seul bras. Conduire et cuisiner d'un seul bras, c'est une évidence pour moi ! J'ai envie de goûter à ce que peut m'apporter cette vie. J'ai envie d'être en colère, de m'exprimer, d'avoir mon mot à dire, d'être rebelle. J'ai envie de goûter aux plaisirs des sens. J'ai envie d'être femme, forte et fragile à la fois. J'ai envie qu'on me prenne dans ses bras, qu'on me câline, qu'on m'aime. Une femme handicapée n'a-t-elle pas le droit d'être glamour ? « *I wanna be loved by you, just you and nobody else but you – I wanna be loved by you alone Pooh pooh bee doo !* »

 Il faut faire en sorte que cette vie ne soit pas triste ou alors elle est dénuée de sens. Après mon accident, la vie à la maison est redevenue normale, Christophe et moi sommes gais par nature et les enfants aussi. Merci la génétique ! Nous n'allions pas tomber dans le misérabilisme. La vie a repris ses droits.

Quand je vois mes Jocelyn et Ronan grandir avec cette énergie dont ils sont empreints, pourquoi ne pas se dire qu'elle est chouette la vie – qu'elle mérite d'être vécue. Je suis devenue une observatrice de chaque instant qui nous est donné, profitant de chaque doux moment que nous apporte cette vie sur cette terre. Une contemplatrice...

Le cuisinier corsaire

Un jour, un samedi après-midi, je regarde l'émission sur France 3 *Les gens d'ici* et découvre un reportage concernant Olivier Roellinger, grand chef cuisinier sur les hauteurs de Cancale. Au travers de ce documentaire, je découvre combien la vie ne l'a pas épargné lui non plus. Victime d'une agression alors qu'il avait vingt ans, il surmonta sa condition avec conviction et volonté, tout au long d'une longue et douloureuse rééducation. Que d'efforts fournis pour arriver à une belle ascension et une reconnaissance de la profession. A mes yeux, c'est un maître dans l'art culinaire. Je n'avais pas attendu les étoiles du Michelin pour savourer sa cuisine malouine. Avec Christophe, nous étions allés fêter nos cinq ans de mariage à la Maison de Bricourt. Ce fut un grand moment d'extase culinaire, oui d'extase, un plaisir extrême qui reste à jamais gravé dans ma mémoire. Je me souviens d'un Saint Pierre « retour des Indes » et d'un grog au rhum de Marie-Galante : divin ! L'excellence même. Ce dîner d'amoureux dans un cadre agréable, sublimé par ce qui arrivait dans nos assiettes, le tout avec un service irréprochable, fit de ce repas un moment inoubliable. Je le qualifierais de magicien des épices qui parvient, grâce à cet héritage malouin du Comptoir des Indes, à produire une exquise alchimie de saveurs... Sa cuisine est en adéquation totale avec cette belle région de Bretagne, aux portes de la Normandie, entre terre et mer. Ces mets exhalaient des odeurs qui nous chatouillaient délicieusement les papilles et les narines, et nous invitaient au voyage. Aujourd'hui j'ai les yeux qui brillent encore en y pensant.

Ce reportage me donne un coup de fouet. Me donne du courage. Je suis dans le creux de la vague à cette période-là, et Dieu que je comprends ce qu'il a vécu, même si des années séparent nos expériences respectives et même si la pathologie n'est pas la même. Le parcours, lui, est similaire ; laborieux, semé d'embûches, mais à force de volonté, nous y arriverons...

Chacun à son niveau. J'espère qu'il continuera longtemps son art. C'est la transmission d'un savoir, de traditions, d'un patrimoine, d'une région et d'un terroir. C'est ce que j'essaye de faire tous les jours, d'enseigner à nos enfants, dans la cuisine de chaque jour. J'essaie de leur apprendre les saveurs comme me l'ont appris mes parents. Je dis bien essayer car les générations précédentes ont démontré que les enfants peuvent aussi n'en faire qu'à leur tête, conflit de générations oblige. J'espère seulement qu'ils en conserveront l'essentiel. C'est une richesse incommensurable. Ce sont des valeurs indétrônables, faciles à transmettre de génération en génération, d'une telle simplicité. Alors faisons l'effort.

Alone

Cela fait six ans aujourd'hui que l'accident est arrivé, et je suis seule face à cet anniversaire douloureux dans ma mémoire, qui restera à jamais gravé. Seule dans ma chair – on naît seul et on meurt seul. J'ai fait ma traversée en solitaire et j'arrive malgré des tempêtes à bon port. Le cap de Bonne-Espérance pointe son nez à l'horizon. J'ai tenu la barre malgré tout, traversé des mers étrangères, bravé cette mer en furie dans ma tête tel un marin aguerri. Ce voyage en solitaire m'a conduite vers l'écriture comme une bouée.

Et puis j'en pleure, j'en ris …

La joie est mon alliée. Cela me sauve. La vie est assez triste parfois, alors il vaut mieux y ajouter de la couleur. C'est pourquoi je suis une adepte de l'autodérision ; on ne va pas tomber dans l'auto-apitoiement – hors de ma maison ! Lorsque j'ai réalisé que les chutes seraient fréquentes, plutôt que de pleurer de douleur et de vexation, j'ai tourné cela à l'humour sans qu'il y ait trop de casse. D'ailleurs, les humoristes ne s'inspirent-ils pas de faits tragiques pour arriver à une situation comique. C'est le principe du relativisme !

Comme le disait si bien un réalisateur qui nous a fait vivre de vrais moments de cinéma, récemment disparu, Philippe de Broca, « Parce que le rire est la meilleure défense contre les drames de la vie ».

Le comique est inconscient. Mais dans mon cas, le rire est conscient, source de légèreté et retrouvailles de l'insouciance que j'ai perdue au fil des années ; ce n'est pas grave, on relativise. Il y a plus grave que cela. On découvre un autre regard, un regard neuf, un regard vierge, comme un enfant avec toute la candeur qui l'accompagne. On prend du recul, nous ne sommes plus acteurs mais spectateurs. Le rire est la douceur de l'âme.

Amis rieurs, rions – ce monde est terne, il faut lui apporter un peu de fraîcheur.

Le sixième sens

J'aime le contact des enfants, avec leur candeur et leur spontanéité. C'est beau un enfant, loin du monde fourbe des adultes. C'est pourquoi j'ai gardé au plus profond de moi un jardin secret qui est un jardin de rêves, accompagné d'odeurs de mon enfance. Les rêves ! Que seraient nos vies sans nos rêves ; nos rêves nous apportent la créativité, une raison de vivre. J'ai conscience que voir un soleil levant, sentir le pain frais et la rosée du matin, toucher la peau d'un bébé, ce sont des dons du ciel. Avoir les cinq sens, c'est posséder un trésor. Personne n'en a conscience quand tout va bien, quand vous êtes Monsieur et Madame Lambda. Quand, comme moi, on est touché au plus profond de son être, on passe la vitesse supérieure, on développe un sixième sens, celui de la conscience, prendre conscience des capacités de tout son être, pouvoir voir, sentir, toucher, goûter, entendre, tous ces sens qui procurent une sensation de plaisir.

La conscience, c'est la plénitude de l'instant T.

La musique fait partie de ces plaisirs que nous apporte la vie. Je me suis rapprochée de la nature, de ces éléments terrestres. La nature, elle ne demande rien et, en échange, elle nous donne beaucoup : des odeurs, des couleurs, des sensations. Je m'évertue chaque jour à éveiller nos enfants à l'observation et au respect de cette Dame Nature. Sans être « l'écolo à deux balles », veillons à transmettre à nos générations futures. Je leur souffle : soyez vrais, soyez vous-mêmes et faites ce que vous aimez tout en respectant les autres. C'est ma devise. Je me trompe peut-être mais je me sens bien comme cela, en harmonie avec moi-même, j'arrive encore à me regarder dans le miroir le matin... Miroir ô beau miroir ?... Au diable, les donneurs de leçons qui vous disent : « Faites ce que je dis, mais ne faites pas ce que je fais... » J'en ai rencontré dans le monde du travail, surtout ces dernières années, des cadres qui n'assument pas leurs fonctions et qui savent se poser en termes de belles paroles creuses et vides de sens.

Confucius me vient à l'esprit : « Mine débonnaire et belles paroles sont rarement signe de vraie vertu ». Que de belles théories, mais où est la mise en pratique ! Quelle crédibilité ?

L'asile

Le soutien psychologique... je suppose que c'est un aspect qui doit être évincé du programme de médecine car Dieu sait combien de fois j'ai harcelé mon neurologue pour avoir un soutien psychologique à la suite de mon AVC. Pourquoi n'y aurait-il pas de cellule de crise ? Des cellules de crise psychologiques sont bien mises en place lors d'actes de terrorisme, alors pourquoi pas là ? L'AVC est un événement violent, pareillement à un acte terroriste.

Je ne le comparerais pas à un acte de terrorisme parce que je ne connais pas, mais c'est tellement violent. C'est tellement déstabilisant psychologiquement. Alors, c'est inexistant à l'hôpital – la seule chose qu'ils ont pu me proposer c'est la consultation d'un psychiatre... Mais je ne suis pas folle, on se croirait dans un asile. Certes les AVC sont cause de démence mais j'ai toute ma tête ! L'entretien est stérile, ne m'apportant pas le réconfort escompté. Le corps médical et l'ensemble du grand public classent dans une même catégorie le handicap physique et la déficience mentale ; quelle erreur monumentale !

Plus tard, trois, quatre ans après mon accident, se met en place une unité spéciale au sein de l'hôpital. Ma douloureuse expérience a-t-elle servi à quelque chose ? Toujours est-il qu'un jour, lors d'une consultation, Dr G. me propose une rencontre avec une psychologue. Quelques jours plus tard, je rencontre avec soulagement S.L. avec qui je partagerai de bons moments de thérapie. Ma thérapie, je l'ai commencée, toute seule comme une grande, par l'écriture.

Je suis grande maintenant dans ma tête et j'ai acquis une certaine sagesse. Avec l'impatience et la spontanéité déroutante parfois qui commandent simultanément mon caractère. Cela donne un cocktail de choc qui s'appelle la tolérance. Je m'efforce de comprendre, tant j'entends de choses.

Parfois des paroles qui se veulent réconfortantes pour les personnes qui les prononcent, et qui se terminent blessantes. Au départ, j'en veux à ces personnes, puis à bien y réfléchir, je ne vais pas jeter la pierre à de bonnes intentions, et puis si je continue je vais me pourrir la vie, c'est superflu. Désormais je n'y prête même plus attention. Je me souviens d'un ami sportif se plaignant un jour d'avoir une pubalgie, et moi de lui rétorquer gentiment en rigolant : « Comme tu as de la chance, pour ma part je ne sais même pas le goût que cela a une pubalgie, et je ne saurai jamais ! » Ainsi je coupe court à la conversation et on passe à autre chose...

Je suis plutôt cartésienne mais sans l'esprit étriqué. Avec plutôt de la rigueur, dont je suis toujours empreinte. Je pense que c'est une qualité mais aussi un défaut, car comme je suis exigeante vis-à-vis de moi-même, je le suis également vis-à-vis des autres. Je ne détiens pas la science infuse, moi aussi, je suis emplie de paradoxes, mais comme disait Rousseau : « J'aime mieux être homme à paradoxes qu'homme à préjugés. »

Je dis à mes loulous « Ecoutez votre cœur et pas les belles paroles des autres – ayez un peu d'humilité et *Carpe diem*, profitez de l'instant présent, des moments bons et simples que la vie vous donne. » Chaque jour, en déposant mes garçons à l'école le matin, je m'imprègne de leurs baisers comme si c'était les derniers (ça devient de plus en plus difficile avec Jocelyn car il grandit ! La honte !), de leur odeur, ma chair, mes chers enfants. Penser à être à leur écoute, prendre le temps de les écouter, leurs attentes, leurs inquiétudes. Il n'y a pas d'école des parents, on apprend « sur le tas » le métier le plus difficile du monde. Il faut être indulgent, tout le monde peut faire des erreurs. Sommes-nous des parents « modèles », « idéaux » ? Nous essayons de faire de notre mieux. Evidemment nous souhaitons le meilleur pour eux. Pour moi, l'essentiel c'est de leur donner de l'amour, être vraie avec eux, c'est tellement pur un enfant. Jusqu'à maintenant je les ai nourris de mon propre lait, de mon amour et de Jean-Louis 'Naubert'... comme dirait Ronan (il a rajouté un n dans la prononciation !). Pourvu que ce monde de brutes ne les déforme pas, qu'ils restent vrais, qu'ils restent eux-mêmes.

J'aimerais bien qu'ils lisent plus tard, lorsqu'ils seront en âge de comprendre, qu'ils sachent que je les aime de tout mon cœur, que j'ai fait de mon mieux. Qu'ils sachent qu'ils grandissent avec une maman qui n'est pas comme les autres, qui a décuplé l'énergie qu'elle a au fond d'elle-même. Que je ne suis pas toujours patiente parce que je suis fatiguée certains jours avec ce fardeau qui pèse sur moi pour le restant de mes jours. Au diable le handicap, j'essaye de tout mon cœur d'être une maman gaie, enthousiaste, qui leur transmet l'amour de la vie. Vous comptez pour moi mes chers garçons plus que tout, plus que moi-même. Pour votre papa, c'est la même chose.

C'est la crise !

A l'aube de mes 35 ans, c'est la crise existentielle – on dit la crise de la quarantaine. Pour ma part, ce serait plutôt celle de la trente-cinquaine. S'ajoutent à cela les souffrances morales que j'ai endurées et qui me pèsent certains jours. Je m'efforce de ne pas y penser mais c'est difficile parfois. Il faut exorciser ce mal qui est en moi. Ce sont les mots qui vont soigner les maux. Ce corps qui à 32 ans m'a embastillée. Il faut que j'essaye de sortir de ma geôle. Il y a des jours où j'oublie mais des éléments extérieurs me ramènent à la réalité hélas. Je ne pourrai plus vivre jusqu'à la fin de mes jours normalement. Nous ne sommes plus une famille lambda. J'essaye de l'expliquer aux enfants, avec des mots simples, et de leur démontrer que ce n'est pas triste, que rien n'est impossible et qu'il faut y croire, pour se battre. Le doute est permis, soyons indulgents. Le tout est d'y croire et si le choix est exprimé avec son cœur, l'erreur est pardonnable.

La crise d'existialité arrive à brûle-pourpoint. Je suis sous le poids d'une éducation judéo-chrétienne qui m'a enseigné le bien et le mal, et qui nous a fait croire que tout était beau, juste. Alors à l'heure des bilans, je me dis que ma voie n'est pas toute tracée et que si je me suis trompée de chemin, il est encore temps de changer de trajectoire.

Les grenouilles

Le doute s'installe en moi, et j'écoute mon cœur, celui qui me semble le plus proche de la raison, le plus proche de la sagesse. Je ne crois plus en Dieu, l'abbé Pierre doute lui aussi. Je crois plutôt en la vie. La vie de tous les jours nous démontre tellement bien que les grandes théories sont bafouées. Ce monde, où personne ne croit plus à rien, ne respecte plus rien, il me donne le vertige. Je ne suis plus en adéquation avec cette religion qui n'a pas su évoluer avec son temps, cette religion qui refuse le mariage des prêtres, qui dénie la contraception, qui s'obstine aveuglément à mal interpréter le Nouveau Testament. Désormais je me fais ma religion à moi, celle de l'amour, du partage, d'une soirée entre amis, ceux avec lesquels je prends plaisir à passer du temps. Tous les jours j'ai l'occasion de mettre en pratique les préceptes inculqués en profitant de notre naïveté d'enfant, de notre ignorance. Et ces grenouilles de bénitier, qui se préoccupent de vous juger plus sur vos faits et gestes que sur le côté spirituel. Et ces religions qui font des hommes des bêtes à tuer ou un prétexte à verser le sang. Quelle violence, au nom de quoi ? C'est utopique bien sûr la paix dans le monde, mais si chacun mettait une pierre à l'édifice...

Je sais qu'un peu partout dans le monde,
tout le monde, s'entre-tue, ce n'est pas gai,
mais d'autres s'entrevivent,
j'irai les retrouver.
                                Jacques Prévert

Il vaut mieux être né en France qu'en Afghanistan. Veillons, gardons notre liberté, c'est un bien précieux. Réalisons combien nous sommes privilégiés. Respectons nos aïeuls qui se sont battus pour notre liberté et d'autres qui ne connaissaient rien de cette terre, notamment les tirailleurs sénégalais et ceux de l'Afrique du Nord. C'est un héritage qui n'a pas de prix. Je pense notamment à mes deux grands-pères qui ont fait la Grande Guerre ; l'un n'y a passé qu'un an parce qu'il a été blessé, l'autre quatre ans de sa vie. Je n'ai hélas pas pu en parler avec eux, j'étais trop jeune. C'est mon père qui m'a relaté leur histoire. Heureusement, ils étaient rentrés sains et saufs de cette affreuse boucherie !

Et ces résistants qui ont sacrifié leur vie pour une France libre. Quelquefois je me pose cette question : « Dans quel camp aurais-je été ? Collabo ou résistante ? » C'est difficile de répondre quand on n'est pas dans une situation. Nous les jeunes générations, nous avons eu la chance de ne pas avoir à choisir un camp. Et nous nous devons d'être les dignes héritiers. Et grâce au sacrifice de ces hommes et de ces femmes, nous sommes désormais des hommes libres. Nous avons un devoir de mémoire. Mais la liberté est fragile. Il ne faut pas baisser les bras.

Combien de fois ai-je entendu cette réflexion : « C'est incroyable comme tu es forte, je n'aurais pas été aussi forte à ta place ! »

Devant le fait accompli, on se découvre une force d'Hercule. Alors, je ne me suis pas laissée aller.

Nous ne sommes pas tous égaux, je pense, devant le drame. Certains plongent, d'autres rebondissent. Je fais apparemment partie de cette deuxième catégorie. Mais je n'en suis pas sortie indemne. Si en apparence tout va bien, il n'en est pas de même à l'intérieur, les stigmates seront toujours présents.

J'ai surmonté une guerre moi aussi avec quelques pertes…

Plouf !

C'est peut-être un don de la nature mais j'aime me donner des objectifs, peut-être pour donner un sens à ma vie. Avant l'accident je fonctionnais déjà comme cela. C'est mon adrénaline, mon moteur, ce qui me fait avancer. J'aurais pu sombrer dans l'alcoolisme, ou je ne sais quel chaos. Devant cette épreuve qui m'a fragilisée, j'aurais pu remettre mon destin entre les mains de l'ésotérisme, quoique... J'y ai pensé mais ma raison m'a gardée de faire appel à des personnes qui ont le don d'exploiter la fragilité de certaines personnes. A bas la fatalité si tel est mon destin ! En 2003, une conversation entre amis avec P. et P. me donne envie de faire de la plongée. Comme nous allons passer quelques semaines en Corse durant l'été, c'est l'opportunité d'essayer.

Voilà un nouveau défi dans les meilleures conditions qu'on puisse avoir : l'eau à 28°, des fonds marins superbes en Corse. Début juillet, dans la baie de Sagone, j'effectue mon baptême de plongée. Extraordinaire, sensations géniales qui apportent un confort à mon corps. Ce bras qui pèse des tonnes certains jours est léger, léger. Je suis comme un poisson dans l'eau. Et voilà, plouf ! C'est le grand bleu ! C'est trop court, l'instant magique s'est déroulé trop vite. Le moniteur qui m'accompagne me donne un ormeau que l'on a cueilli au fond de l'eau. Sublime souvenir avec ces reflets nacrés. C'est avec des images fabuleuses comme celles-ci que j'ai pu surmonter l'insurmontable. Comme des fondations qui ont résisté malgré le séisme que fut l'AVC, me laissant à terre.

Les anges de la route

Pareillement, mon goût de la moto que j'ai découvert lorsque j'ai connu Christophe qui, hormis la vitesse, m'a fait découvrir des sensations de liberté au grand air, en harmonie avec les éléments terrestres. C'est très difficile à décrire, il faut le vivre pour le sentir.

Cet air qui vient caresser mes joues, les jours où il fait beau, et qui se veut parfois cinglant les jours d'hiver.

Après mon AVC et la rééducation, je mets un point d'honneur à remonter sur une moto. Ce n'est pas un handicap qui va m'en empêcher. Et lorsque j'ai aperçu mon petit bonhomme Jocelyn avec un grand sourire lorsqu'il m'a vue monter sur la moto de J., cela m'a redonné confiance. Petit à petit, étant donné ma fatigabilité, je fais de plus en plus de trajets importants pour enfin pouvoir partir en périple pour trois ou quatre jours sur une longue distance avec les amis du moto-club. Le moto-club, c'est comme une seconde famille. Christophe et moi, nous avons été présents à ses débuts. Chacun prend soin de moi, toujours une petite attention, je ressens du respect de chacun. Je crois que dans ma situation, il y en a beaucoup qui n'auraient pas fait des centaines de kilomètres à travers notre belle France, mais à force de ténacité, le plaisir de l'instant est plus fort que la fatigue. De toute manière, maintenant, je me connais tellement bien, je sais quelles sont mes limites. C'est comme dans les concerts, emportée par la musique j'oublie ce fardeau, une forme d'envol, de sentiment de liberté, je ferme les yeux sur une musique aérienne comme *Somewhere only we know* de Keane, je pars, je suis déjà partie.

L'Association

Trois ans après mon AVC, je m'essouffle, c'est le contrecoup d'une période pendant laquelle je me suis appliquée à ma rééducation, où il a fallu décupler une énergie herculéenne et je me sens à bout de souffle. J'ai repris le travail, et le quotidien me dépasse un peu. Etre superwoman dans un monde où l'on court toujours... Après quoi ? Hélas je n'ai pas la réponse. Lors d'une consultation à l'hôpital, j'aperçois une affiche indiquant une conférence à la Cité des Congrès de Nantes sur les AVC. J'apprends qu'il existe une fondation en France. Ma première réaction est « Enfin ! ». C'est une nouvelle pour moi qui a toute son importance : « Enfin un organisme s'intéresse à nous, victimes d'AVC, laissées dans le dénuement le plus total. » Je m'empresse de me rendre à la conférence un samedi matin d'avril. Il y a là le neurologue qui m'a suivie durant mon hospitalisation, Dr G. Il y a plusieurs prises de parole, moi je me contente d'écouter. L'assemblée part dans un discours diffus, chacun y va de sa doléance, critiquant les dysfonctionnements de la prise en charge des patients aux urgences alors que nous ne sommes pas là pour critiquer le système mais plutôt pour parler des AVC. Et voilà, c'est la foire d'empoigne et à qui prendra la parole pour raconter son vécu. Le temps passe, je dois partir compte tenu de contraintes horaires. Je laisse mes coordonnées à la secrétaire de la fondation afin qu'elle me contacte si une antenne se crée à Nantes. Je ressors dépitée de cette conférence où personne ne s'écoutait. Si association il doit y avoir, je n'ai pas le sentiment que je vais y trouver la paix intérieure dont j'ai besoin. J'aurais aimé simplement un peu d'écoute.

Par la suite, je suis contactée à la première réunion destinée à la création de l'association. Réticente, j'y vais – je ne vais pas rester sur des préjugés. Je me dis qu'il faut tenter l'expérience. Essayer de construire un groupe de personnes qui ont vécu des expériences similaires.

J'arrive à cette première réunion qui se tient au CHR Nord. A ma grande déception, il n'y a que des vieux (ce n'est pas péjoratif, mais je me sens seule !) J'ai envie de prendre mes jambes à mon cou et de repartir. Une petite voix en mon for intérieur me dit de rester, de persévérer. Je ne regrette désormais pas mon choix qui a conforté mon souhait de faire vivre l'association en participant en tant que secrétaire adjointe d'AVC44. Petit à petit, en apprenant à connaître les personnes au fil des réunions, des liens amicaux se sont tissés avec les différents membres et notamment une amitié est née, avec B., une jeune femme dans mes âges, dont le père a été victime d'un accident cérébral. Au fil des conversations de nos réunions de bureau, une convivialité s'est installée avec une forme de dynamisme dans la vie de notre association dont le président n'est ni plus ni moins que mon neurologue le Dr. G. qui semblait tout désigné pour ce rôle-là. Je suis admirative du dévouement que nous porte cet homme, à nous victimes d'AVC. Nous nous sommes fixé au départ l'objectif de faire connaître l'AVC au grand public par le biais de plaquettes distribuées dans des lieux stratégiques, l'organisation de journées à thème, de forums. Car le constat est consternant : il y a un déficit dans ce domaine au sein de notre pays et pas seulement du côté du grand public mais aussi des pouvoirs publics et des médias. Il faut faire prendre conscience de l'enjeu de l'AVC, de l'urgence absolue que cela représente avec une population de plus en plus vieillissante. Il faut que tout un chacun connaisse les signes avant-coureurs qui doivent faire réagir sans attendre, c'est-à-dire appeler le 15. Nous ne pouvons crier cocorico car à côté de nos voisins allemands, des pays scandinaves, nous avons du chemin à parcourir. Nous manquons cruellement en France d'unités neuro-vasculaires (les pays scandinaves sont équipés à 70% de ces unités alors qu'en France nous ne sommes équipés qu'à 20%), et ce malgré une circulaire du ministère de la Santé sur la prise en charge des AVC en urgence, datant de novembre 2003 !!

Il y a nécessité de créer des structures spécialisées dans la prise en charge des AVC : une prise en charge efficace dans les trois heures qui suivent l'accident peut sauver des vies voire éviter les séquelles. Le traitement dont je parle est appelé thrombolise ; hélas pour moi, il n'était pas encore autorisé en 1999 en France mais déjà exploité aux Etats-Unis.

O.

Mes nouvelles fonctions dans l'entreprise m'amènent à suivre une formation sur Paris. J'exulte ! Je vais faire un petit séjour d'une semaine dans la capitale. Revenir à mes premières amours me fait jubiler. Je vais couper avec la gentille routine de province pour m'immerger dans la frénésie parisienne ô combien trépidante mais ô combien exténuante ! Le jour J, je suis prête assez tôt pour ne pas rater mon train qui va m'emmener rapidement vers la gare Montparnasse. Le parvis de Montparnasse je le connais par cœur pour l'avoir piétiné des dizaines de fois entre 1988 et 1991, période pendant laquelle je fus parisienne d'adoption. L'adoption a tout de suite été une réussite. Paname m'apprivoisait, me prenait dans ses bras. C'était un vrai bonheur d'essayer toutes les stations de métro, de Denfert Rochereau aux Abbesses. Je découvrais par enchantement tous les quartiers de Paris, tel un petit poulbot, me baladant de rue en rue, de pont en pont, découvrant avec ravissement les empreintes de l'Histoire de France avec un grand H, au hasard de mes promenades sur les boulevards haussmanniens, dans le jardin du Luxembourg, ou bien dans les galeries du Louvre. Je me régalais de tout ce que mes yeux pouvaient voir, faisant de moi une touriste à plein temps. C'était un véritable régal des sens. Alors mon séjour printanier je ne peux que m'en réjouir. J'appréhende un petit peu de partir seule car compte tenu de ma motricité réduite, je suis consciente que cela va être difficile avec des bagages, ce qui se confirme très vite. Nous sommes arrivés en gare Montparnasse en fin de matinée. Le train déverse son lot de voyageurs. Moi la dernière. Pour éviter la ruée, je préfère rester en retrait. Je me dépêche tout de même pour attraper un taxi. J'emprunte un escalator pour accéder au parvis et ô désastre, ma valise me déstabilise dans les marches de ce fichu escalator qui continue sa course. Moment d'affolement, je n'arrive pas à me relever, me débattant tant bien que mal de ma valise tombée à la renverse sur moi et sur ma canne. Heureusement pour moi, une main salvatrice vient enfin me dégager des dents de ce maudit escalator.

Un gentil monsieur m'aide à me sortir de cette situation embarrassante. Essoufflée, rouge de honte et de colère, je me répands en remerciements auprès de mon sauveur. Puis les jambes encore tremblotantes de peur, je rejoins le parvis pour héler un taxi dans lequel je m'engouffre. C'est un signe de protection de s'asseoir dans ce taxi – ouf! Un peu de répit. La semaine de réjouissances que je m'étais promise commence bien. Lovée dans le fond de mon siège, je m'offre une trêve de quelques minutes. Contempler la rue de Rennes, le boulevard St-Germain et la rue St-André-des-Arts, constater que rien n'a changé. Oh Paris je t'aime, je suis contente de te retrouver. J'ai juste le temps de déposer mes bagages dans mon hôtel à St-Lazare, pour reprendre un autre train afin de rejoindre ma formation en banlieue à laquelle j'arrive avec un petit quart d'heure de retard. O. m'attend déjà. Nous ne nous connaissons pas, avons déjà échangé des mails quelques jours avant la formation. Je le rejoins, il y a une place de libre à côté de lui ; il m'a réservé des documents distribués en mon absence. Et tout naturellement, nous allons passer une agréable semaine ensemble. J'ai l'impression de le connaître depuis des années. Qui aurait pu prédire que j'allais rencontrer un être charmant, respectueux, qui m'aiderait dans mes déplacements un peu laborieux, et ferait mon chevalier servant de cette semaine parisienne. Et pour le côté convivial, je l'entraîne au théâtre voir *Les monologues du vagin*. O. sort ravi du théâtre, et moi heureuse de lui avoir fait plaisir. Cette semaine de formation est un bain de jouvence avec un groupe fort sympathique. C'est pour moi une bouffée d'oxygène et un test qui me révèle mon autonomie. Donc, au terme de ces sept jours, je goûte à l'autosatisfaction. De retour à la maison, exténuée mais comblée, je dors tout le week-end. Quelques jours plus tard, j'assiste à l'union d'O. et H., mon petit frère franco-portugais, et nous ne nous reverrons pas de sitôt - le flot de nos vies professionnelles et privées nous a aspirés. Je n'oublie pas les bons moments comme ceux-ci, ils sont bien logés au fond de moi, ils se lovent dans un petit coin de mon cœur. J'ai même gardé précieusement le ticket d'entrée de la séance. Eh oui je suis assez fétichiste ! Vous verriez mes trésors (du sable de Galway et de Pointe-Noire, des places de concert, une boîte de madeleines de Dax que m'a offerte mon amie F., etc.).

Ecoute-moi, je te dirai qui je suis

Après trois années d'existence de l'association, nous arrivons à la mise en place de groupes de parole destinés aux victimes et à leurs familles. C'est un soutien psychologique, une écoute neutre hors du monde hospitalier, cette écoute dont j'ai tant manqué pour ma reconstruction qui je l'espère apportera l'espoir à certains, qui les aidera à vivre après. Cela me donne une satisfaction intérieure. Tous ces efforts n'étaient pas vains. Nous allons continuer, n'arrêtons pas en si bon chemin. C'est porteur d'espoir. Je n'ai pas l'ambition de changer le monde mais changer le regard des autres ce serait un grand pas en avant. Nous nous découvrons des points communs avec mes frères d'infortune tout au long des rencontres. Nous rencontrons des personnes en grande détresse morale avec des séquelles physiques et des séquelles cognitives. Je constate que, malgré les miennes, je n'ai pas heureusement à supporter des crises d'épilepsie dont certains souffrent après l'AVC.

Lors d'un de ces groupes de parole, j'écoute une dame qui nous dit ne plus pouvoir fêter son anniversaire. Maintenant elle fête le jour où est arrivé l'AVC. Je partage ce même sentiment. Notre date anniversaire est réellement le jour où c'est arrivé, un jour nouveau, un jour où la personne d'avant est morte, un jour de nouveau départ, de reconstruction de soi-même. C'est cela notre vraie date anniversaire.

Voyage au pays d'Epicure

Epicurienne, je le suis depuis toute petite grâce à mes parents et grâce à mes frères et sœur qui se sont chargés de m'initier aux saveurs. Nous n'avions pas des moyens exceptionnels, nous mangions des choses simples mais toujours bien agrémentées par maman, fin cordon bleu. Je me souviens, papa qui rentrait du travail le soir et qui nous rapportait des civelles de Nantes. On se régalait. J'ai encore le goût dans la bouche, hum. Désormais elles se font rares et chères sur les étals des poissonniers. Pareillement, je me souviens, maman préparait et elle prépare encore de la brandade de morue, dieu que c'est bon.

Nous faisions aussi quelques veillées l'hiver avec les voisins ; on mangeait des noix et des noisettes. Que de doux souvenirs !

L'initiation au vin vint plus tard grâce à mes grands frères. Nous étions déjà dans une région viticole et ceci aidant j'apprivoisais la culture du vin. Mes parents possédaient un petit lopin de vignes hérité de mes grands-parents maternels. Nous allions tous vendanger le samedi quand papa avait terminé sa semaine. C'était convivial. Chacun y allait de son enthousiasme à cueillir les grappes de raisin.

Il y avait une ambiance chaleureuse dans les rangs de vignes. En grandissant, je suis toujours restée partante, bien que ce soit physique. Nous avions tous mal au dos à force de se pencher sur les ceps. Tout fourbus à la fin de la journée mais contents de notre labeur, qui se passait dans la joie et la bonne humeur, sans oublier le déjeuner où tout le monde rigolait, chantait, ou blaguait. Mes racines ont certainement favorisé cet amour du vin. J'aime le vin, ses arômes, ses couleurs. Je pense à tous ces viticulteurs qui estiment leur métier, qui le pratiquent avec ferveur et enthousiasme.

Me vient à l'esprit notre ami G., quand il parle de son vin, avec amour, comme de son bébé qu'il a élevé, choyé. J'ai beaucoup de respect pour ces gens. Ils composent avec la nature, et leur travail, fruit de notre bonne vieille terre, c'est fabuleux. Je m'extasie devant tout cela. J'aime bien acheter du vin à la cave. C'est un moment de partage d'impressions, d'émotions. Quand vous rencontrez le viticulteur chez lui, il parle de l'histoire de sa région, de sa famille, c'est une histoire d'hommes en fait. Pour ma part, je suis très friande de ces moments de dégustation du vin dans son contexte originel. Et puis les gens de vignobles sont de manière générale accueillants. Le vin, c'est une invitation au voyage. Alors préservons nos vignobles, notre culture, notre identité.

I have a dream…

I have a dream, J'ai fait un rêve… certainement moins honorable, moins ambitieux pour l'humanité que Martin Luther King, mais j'ai fait un rêve, il revient souvent ce rêve. Je rêve que je conduis une moto, c'est une balade avec les copines du moto-club, je rêve que nous nous baladons entre filles. C'est une bonne sensation. En 2005, j'en parle autour de moi et j'arrive à faire des adeptes étant donné le bon nombre de femmes qui possèdent leur permis dans notre club. Nous arrivons à convaincre nos chers conjoints de nous prêter leurs motos. Bien sûr, pour ma part, je serai passagère de ma copine I. Et un beau matin de juillet, nous voilà parties sur les rives de la Loire, en pays saumurois. Le temps est clément, la journée s'annonce bien, se passe bien et sans encombre. Chacune est ravie de sa journée, me congratule de mon idée. Nous sommes tellement bien ensemble que nous avons du mal à rentrer, nous faisons durer le plaisir.

Un rêve de réalisé, quelle jubilation. Merci les filles d'avoir joué le jeu !

J.-L. A.

2/12/2005 - Aujourd'hui je suis la plus heureuse des femmes. J'ai rencontré la légende du rock français dont je suis fan depuis de nombreuses années. Je n'aime pas le mot fan, c'est un dérivé de fanatisme. Je ne suis pas fanatique, je suis seulement admiratrice de Jean-Louis. Il a été d'une gentillesse discrète mais hélas nous n'avons pu discuter que très rapidement, l'émission dont il était l'invité me le reprenait après ces quelques minutes en commun. Exaltée de le voir, j'ai perdu tout mon sang-froid et lui ai raconté une tonne de banalités. Je suis redevenue adolescente exultant devant une légende du rock français. J'avais embarqué mon petit Ronan (alors âgé de 4 ans) dans l'aventure, dès l'aube, et il venait de partager un bonbon avec un type en chair et en os, lui qui croyait qu'il n'existait qu'à travers la radio. Je souris encore de la réaction enfantine de mon petit loulou. Incroyable ! Eh oui, cette nouvelle rencontre me donne la pêche. Par sa musique, par ses paroles, Jean-Louis c'est mon adrénaline, mon moteur lorsque j'ai le cafard.

Jean-Louis est au rock ce que Rimbaud est à la poésie.

Cette période d'euphorie mélomane sera de courte durée.

L'absent

Huit jours après avoir rencontré mon idole musicale, je perdais mon idole de sang et de cœur, mon frère...

Un jeudi soir, je rentre tard du travail, la maison est calme, trop calme.

Energiquement, je fais irruption dans la cuisine où je trouve Christophe, assis près de la table, la tête baissée, qui n'arrive pas à trouver les mots pour que ce soit le moins brutal possible et qui, finalement, m'annonce la nouvelle. Le couperet est tombé ! Je crie : « Non ce n'est pas possible ! Pas lui, pas lui. Non c'est trop injuste, non pas lui, mon petit frère, pas lui. » J'hurle de douleur et je m'écroule sur une chaise en balayant de colère tout ce qu'il y a sur la table.

Mon frère est mort aujourd'hui. Mon frère adoré, Christian adoré, non parce que je l'aimais plus que mes deux autres frères et ma sœur, mais parce que je l'aimais différemment. Comme il ne s'était pas marié, et avait préféré rester à la maison, j'ai grandi avec lui. La petite fille est devenue femme et lors de mes sorties d'adolescente, il veillait au grain comme un père. Je l'aimais car nos opinions se rapprochaient, parfois divergeaient, mais nous discutions, nous nous écoutions avec respect. Une complicité s'était instaurée au fil des années. Il était mon confident, réciproquement j'étais sa confidente. Qui plus est, avec Christophe ils s'adoraient ces deux-là. Pour lui aussi, c'était devenu un frère par procuration suite à la perte du sien. Il aimait la vie, les bonnes choses de la vie.

Titi, c'était la simplicité incarnée, la générosité. Il allait à l'essentiel, sincère, fidèle en amitié. Je ne garderai que le meilleur de toi, mon frère chéri, mon ange comme t'ont qualifié tes amis lors de ton départ : « un ange s'est envolé. » Oui, l'ange s'est envolé. Auparavant, je compatissais lorsque les gens perdaient un être cher, mais je n'avais pas mesuré la souffrance que cela pouvait être. J'ai perdu une part de moi-même, une part de mon enfance. Je suis orpheline. Il était mon miroir, ma conscience, mon ange. J'ai pleuré toutes les larmes de mon cœur. Je suis vidée, démunie, petite fille sans défense.

J'ai perdu mon grand frère. Nous nous sommes tant aimés, c'était court mais c'était bon. Je vais garder les meilleurs moments que nous avons passés ensemble. C'est encore une bataille. Vais-je la surmonter ? Oui, je crois. Je commençais à surmonter ma douleur d'avoir perdu ma vie d'avant, ma vie de valide et j'arrivais à mettre la tête hors de l'eau. Le départ de Christian, c'est comme si quelqu'un appuyait pour m'enfoncer la tête dans l'eau afin de me noyer. Quand vais-je pouvoir respirer ? Le temps arase les blessures, mais il en faudra beaucoup. Heureusement que le temps passe et qu'alors tout s'estompe. Le temps est assassin dixit Renaud, mais le temps est aussi salvateur, il adoucit nos peines. Mais on n'oublie pas. Non, on n'oublie pas.

Christian, le jour qui suit ton décès, nous sommes en train de préparer ta sépulture l'après-midi et je suis épuisée d'une nuit sans sommeil. Je vais dans ta chambre, je me couche dans ton lit, m'imprègne de ton odeur. Pour ne pas t'oublier mon frère, je ferme les yeux, je te revois, rieur, avec ton rire bien à toi, rire qui venait du fond du cœur. Je plonge mon nez dans cette couette, je reconnais ton odeur et je l'hume à pleins poumons. Ca y est, tu es en moi à jamais mon frère de sang et mon frère d'amour. J'ai écrit un poème, que je t'ai dédié le jour de ta sépulture :

>*Christian,*
>*Rime avec bon vivant,*
>*Christian connu comme le loup blanc.*
>*Tu aimais la vie, mon frère*
>*Tu étais la sincérité, la générosité, la simplicité incarnées*
>*Tu aimais être entouré de bons amis.*
>*C'est pourquoi pour tes cinquante ans nous avions choisi*
>*« Les copains d'abord »*
>*Tu vas nous manquer frère chéri*
>*Au revoir Titi – Salut l'artiste.*

Dire que nous avons hâte de vieillir pour pouvoir oublier nos souffrances, pour grandir. De nouveau un deuil pour moi. Je commençais à refaire surface et après cette douloureuse séparation, je touche le fond mais je rencontre des personnes qui savent m'écouter et me parler, m'insuffler l'énergie dont j'ai besoin. C'est peut-être un déclic. J'ai encore envie, je ne suis pas rancunière avec la vie. Alors on va tourner la page. Je ne trahis pas ta mémoire, mon frère, nous allons continuer sans toi ou plutôt avec toi. Tu seras notre étoile. Je suis déçue que tu ne puisses lire ces lignes. Toi, tu m'aurais donné ton avis mais je sais que tu es à mes côtés dans mes actes de la vie de tous les jours. Les jours suivant ta mort, il régnait une harmonie. Nous quatre avec papa, maman, nous avons essayé d'être fidèles à ta mémoire. Nous avons choisi des fleurs et de la musique qui correspondaient à ta personne. Et puis nous avons réuni tes proches, tes amis autour d'un verre ; il ne manquait que toi. J'avais l'impression que nous t'attendions tous, comme si tu étais en retard. Je deviens folle en ton absence, comme si tu étais parti en vacances quelques semaines. Et puis tu vas revenir. Non hélas tu es parti pour un grand voyage. Tes pas dans la maison, un bruit si familier quand tu rentrais comme chez toi. C'est trop tôt encore, il faut que je donne le temps au temps.

Nous allons positiver l'année prochaine. Ce sera une nouvelle année, nous ferons des projets peut-être... Pour ma part, je vais continuer mon travail. Petite fourmi au travail, au travail. Pour ne pas tomber dans la mélancolie, dans la vague de tristesse dont je me suis laissée envahir. Ce sera un nouveau défi, mais cette fois-ci pas trop haute la marche, il faut que je sois humble avec moi-même, pour me ménager.

Il n'y aura que le meilleur de moi-même mais j'ai mes faiblesses aussi. Je suis un être humain voilà tout !

Depuis que j'avais fait mon AVC, les réveillons de Noël étaient doux mais moins resplendissants qu'avant. Ce mot 'avant' est récurrent dans mes pensées. J'ai perdu mon insouciance mais pas mes yeux d'enfant. Puis il y a eu ce réveillon 2004. Je ne sais pourquoi, je ne me l'explique pas moi-même. Il s'est généré comme par enchantement une ambiance festive, fraternelle. Tout le monde était là – O. était rentrée de Shanghai et C. était au Venezuela, mais nous pensions bien à elle – donc tout le monde s'affairait aux fourneaux, B. levait les filets de sandre pêché par Papy dans la Maine, R. aidait Mamie à faire le beurre blanc (digne de Clémence Lefeuvre) en ajoutant les morceaux de beurre, C. surveillait la bonne température des assiettes, J. était je ne sais où mais certainement à faire quelque chose comme d'habitude et moi j'étais spectatrice pour ne pas gêner tout ce petit monde. Tout ceci dans une cacophonie délicieuse car nous avons le verbe haut dans la famille. Il y avait une alchimie qui se créait dans la cuisine et je me délectais de ce spectacle où l'osmose de notre famille rayonnait.

Nous ne savions pas, ce jour-là, que ce serait le dernier avec Christian.

Que de belles images dans nos têtes !

Aladin

Que de belles images dans ma tête !
Au conditionnel :
J'aimerais faire de la bicyclette cheveux au vent, j'aimerais applaudir à tout rompre, j'aimerais te serrer fort dans mes bras, j'aimerais te masser langoureusement le dos avec le plat de mes deux mains, j'aimerais nager la brasse classique – fendre l'eau avec mes deux mains jointes, faire de la danse indienne avec grâce en dessinant des arabesques dans l'air, donner au corps toute la majesté de la volupté, une forme de légèreté, de facilité.

Dorénavant, je ne peux plus faire cela, mais est-ce important à mes yeux ? Curieusement, j'ai oublié ces gestes, comme si je ne les avais pas connus. Un jour, conversant avec mon neurologue, je l'interroge concernant les progrès de la science. N'y aura-t-il pas possibilité dans quelques années de faire culture de neurones afin de reconstruire le cerveau détérioré d'êtres humains afin de revasculariser certaines parties endommagées. Cette question, tout au fond de moi, amène une autre question : « Ai-je espoir un jour que tout redevienne comme avant ? » Réflexion faite, je suis très bien comme je suis, comme si j'avais toujours été ainsi, réalisant les gestes quotidiens d'une seule main. Si d'aventure, je rencontrais un petit génie sorti tout droit d'une lampe qui me proposerait de réaliser tous mes vœux, je le renverrais dans ses pénates. Au diable les nostalgiques, fauteurs de troubles ! Regardons devant. Parlons présent, conditionnel, futur, futur imparfait.

Epilogue

Ce livre est le troisième enfant que je n'ai pas eu, comme nous le souhaitions, et que je n'aurai jamais pour des raisons médicales. Les médecins m'ont proscrit toute autre maternité. C'est une décision difficile lorsque ce n'est pas un choix de sa propre volonté. Mais je préfère que mes deux fils aient une maman pleine de vie pour les faire grandir d'amour. Ce livre, je l'ai vu s'enrichir de jour en jour, nourri de mon inspiration qui ne s'est jamais tarie. Des heures à écrire, à ne plus pouvoir ou vouloir arrêter, jamais rassasiée de cette écriture qui s'est voulue salvatrice. Un exutoire en quelque sorte. Un challenge aussi. Se mettre en danger d'écrire, sans être bloquée par une pudeur ou une timidité au fond de moi. J'en ai versé des larmes sur le clavier, des larmes chaudes, de joie et de peine. Je suis un peu plus zen maintenant, plus légère, je me suis délestée de ce poids qui pesait du plomb sur mes épaules. Mon but est atteint.

Il me faudra un peu de répit pour me reposer de ce challenge qui m'a pressée jusqu'à épuisement. Mais je ne m'arrêterai pas en si bon chemin. Je suis déterminée. Et c'est plus fort que moi, je sens une force intérieure qui me pousse encore et encore. Une petite voix me dit : « Vas-y Christine, vas-y avance. » Quelle que soit la souffrance, on peut rebondir. De la souffrance peut émerger la générosité. On ne triche plus. On est soi-même.

Aimer la vie, vivre comme si c'était le dernier jour ; ceux qui reviennent de loin me comprendront... Ce n'est que du bonus.

Je ne suis pas une sainte ni Jeanne d'Arc. Je ne vous donnerai pas la recette d'un idéal de vie, mais lorsque l'on rencontre le pire sur son chemin, on garde le meilleur, on regarde les simples éléments qui composent notre bonne vieille terre que nous devrions respecter pour nos enfants et que nous délaissons dans une vie mouvementée, dans cette course éperdue au matérialisme, à l'inutile.

Savoir apprécier un instant d'accalmie pour vous poser, écouter le silence, devenir spectateur, être contemplatif. Courir après quoi, pourquoi ?

Il faut garder précieusement ses amis qui sont pleins d'entrain et se débarrasser des grogneurs qui sont déprimants.

Dites à ceux que vous aimez combien vous les aimez. Il ne faut pas attendre qu'ils partent.

Il faut rire souvent à en pleurer, à en perdre souffle.

Et les futilités, se disputer, si cela n'en vaut pas la peine alors pourquoi s'encombrer de détails. Etre moins égoïste.

Surtout ne pas remettre au lendemain ce qui peut être fait le jour même. Je me souviens d'un jour où mon amie V. m'a envoyé un tantra indien qui disait ceci :

"Ceci, dit-il, n'est pas un simple paquet, c'est de la lingerie". Il jeta le papier et observa la soie et la dentelle. "J'ai acheté ceci la première fois que nous sommes allés à New York, il y a 8 ou 9 ans, mais elle ne l'a jamais utilisé. Elle voulait le conserver pour une occasion spéciale. Eh bien, je crois que c'est le bon moment justement". Il s'approcha du lit et rajouta ce paquet à d'autres choses que les pompes funèbres emmèneraient. Sa femme venait de mourir. En se tournant vers moi, il me dit : "Ne garde rien pour une occasion spéciale. Chaque jour que tu vis est une occasion spéciale !" Je pense toujours à ces paroles, elles ont changé ma vie. Aujourd'hui, je lis beaucoup plus qu'avant et je nettoie moins. Je m'assieds sur ma terrasse et admire le paysage sans prêter attention aux mauvaises herbes du jardin. Je passe plus de temps avec ma famille et mes amis, et moins de temps au travail. J'ai compris que la vie est un ensemble d'expériences à apprécier. Désormais, je ne conserve rien. J'utilise mes verres en cristal tous les jours. Je mets ma nouvelle veste pour aller au supermarché si l'envie m'en prend. Je ne garde plus mon meilleur parfum pour les jours de fête, je l'utilise dès que j'en ai envie. Les phrases du type "un jour" et "un de ces jours" sont en train d'être bannies de mon vocabulaire. Si cela en vaut la peine, je veux voir, entendre et faire les choses maintenant. Je ne suis pas tout à fait sûre de ce qu'aurait fait la femme de mon ami si elle avait su qu'elle ne serait plus là demain (un demain que nous prenons tous à la légère). Je crois qu'elle aurait appelé sa famille, ses amis intimes. Peut-être aurait-elle appelé quelques vieux amis pour faire la paix ou s'excuser pour une vieille querelle passée.

J'aime penser qu'elle serait peut-être allée manger chinois (sa cuisine préférée). Ce sont toutes ces petites choses non faites qui m'énerveraient beaucoup si je savais que mes heures étaient comptées.
Je serais énervée de ne plus avoir vu certains de mes amis avec lesquels je devais me remettre en contact "un de ces jours." Enervée de ne pas avoir écrit les lettres que j'avais l'intention d'écrire "un de ces jours". Enervée de ne pas avoir dit assez souvent à mes proches combien je les aime.
Maintenant, je ne retarde rien, ne repousse ou ne conserve rien qui pourrait apporter de la joie et des rires à nos vies. Je me dis que chaque jour est spécial. Chaque jour, chaque heure, chaque minute est spéciale..." ».

Chaque instant est à privilégier car chaque instant peut avoir sa valeur.

Continuer d'apprendre, c'est tellement jouissif d'apprendre, de savoir.

Prendre le temps et le plaisir d'écouter de la musique. Ou prendre le temps de savourer un bon vin avec des personnes qui partagent le même goût des saveurs.

La vie sur cette terre n'a rien de transcendantal, surtout lorsqu'elle est ponctuée de souffrances – si je n'avais pas eu ces traits d'union que sont mes soleils Jocelyn, Ronan...

Ma vie a été jusqu'à maintenant ponctuée de plaisirs simples, des petits riens, mais des plaisirs importants à mes yeux.

Les rencontres, j'aime les rencontres, elles sont pleines de surprises, on improvise. Parfois on fait de jolies rencontres – on ne s'y attend pas et on se dit, cela aurait été dommage de passer à côté.

Merveilleux malheur

Comme aurait pu dire Boris Cyrulnik, c'est un merveilleux malheur qui nous est arrivé. Un malheur qui nous a fait vivre des choses incroyables, qui nous a changés.

J'aurai préféré que la maladie ne soit pas présente dans ma vie et dans notre vie de famille. Hélas l'AVC s'est invité un jour d'octobre, un invité indésirable. Il a fallu se battre, se battre contre des montagnes.

Il y a eu un sentiment d'abandon, par l'absence de certains, car malade on devient inintéressant, pestiféré. Et puis il y a eu l'incompréhension. La maladie que les autres ne comprennent pas : « Mais que t'est-il arrivé ? Comment se fait-il ? » Je ne le sais pas moi-même. Des questions gênantes, qui rapprochent ou qui éloignent. Et puis il y a le handicap, qui devient intime, je vis avec, et je mourrai avec. C'est ce corps que je connaissais si bien, dans lequel j'étais bien, qui m'a trahie. Une forme de dichotomie entre le corps et l'esprit.

Nous ne sommes pas préparés à la maladie et chacun réagit à sa manière – il y a les fuyants, les moralistes. Personne ne détient la bonne attitude, je le saurai hélas.

Au terme de ces écritures je pense à ces personnes dont la notoriété n'est plus à faire et qui ont été victimes d'AVC à des degrés différents de gravité. Notamment Jean-Paul Belmondo, Jacques Chirac, Ariel Sharon. Et je pense à tous ces anonymes dont la vie a basculé un jour. J'ai envie de leur transmettre ce message d'espoir, que tout n'est pas fini, que l'on peut malgré tout continuer à vivre dans ce jardin des sens qu'est notre vie. Même si le quotidien est lourd parfois à supporter, il faut savoir le rendre léger, profitable, agréable. Finalement, je suis une amoureuse de la vie ou une amoureuse tout court…

Je dédie ces quelques lignes à tous les « estropiés » de ce monde.

Le handicap n'est pas rock'n'roll mais la vie avec peut l'être. On ne peut pas être à la place d'une personne blessée par quelque chose de traumatisant, on peut juste essayer de comprendre mais jamais s'y projeter. N'essayez pas d'être dans ma peau. Cessez de stigmatiser le handicap. Nous ne sommes pas malades ; il y a juste eu un incident de parcours, un aléa de la vie. Quand désormais on me pose cette question récurrente : « Et ta santé, ça va bien ? » Mais oui, oh que oui je vais bien. Je suis handicapée, mais je suis vivante ! Chaque expérience, chaque ressenti est unique. On peut juste essayer de partager ensemble. La vie, je l'aime encore, et vous… ? Désormais, je suis un électron libre ! Au plaisir !

ABÉCÉDAIRE

A comme amour ou amitié – S'il n'y avait pas eu l'amour des miens ou l'amitié de mes proches, je ne me serais certainement pas relevée. Cet amour, cette amitié m'ont donné l'énergie de rebondir. Encore aujourd'hui, je puise mon énergie dans ces deux sentiments. J'aime donner de l'amour, je ne donne pas de l'amour pour recevoir mais recevoir c'est si bon. Quand vous avez un enfant qui vous entoure de ses bras et qui vous dit « Maman, je t'aime ! », comment ne pas fondre ? Aimer est un verbe que je conjugue à tous les temps, toutes les situations : j'aime le chocolat, j'aime peindre, j'aime cuisiner, j'aime dormir, j'aime la mer, j'aime le soleil qui est doux sur ma peau l'été, j'aime voir les films en V.O., j'aime rire, j'aime découvrir, j'aime la bière, j'aime les sushis, j'aime les huîtres, j'aime les cannelés, j'aime la couleur jaune, j'aime être seule certaines fois et laisser mon esprit divaguer. J'aime tout simplement, j'aime la vie ! Le verbe aimer est paradoxal. Aimer nous apporte son lot de joies et de peines. J'ai parfois peur d'aimer par peur de souffrir mais hélas la raison n'est pas la plus forte, c'est la nature qui l'est. L'amour, c'est l'inverse de la raison, la folie d'aimer qui est la plus forte. Le cœur a ses raisons que la raison ne connaît pas - Soyons fous !

B comme beauté, la beauté d'une personne n'est pas dans l'esthétique du visage ou du corps, mais la vraie beauté d'une personne se reflète dans son âme. Arletty disait : « La meilleure crème de beauté, c'est la bonne conscience ».

C comme clitoris. C'est un mot que j'aime bien. Qui sonne bien.
C'est le trésor des femmes. Je pense aux femmes en ce monde qui sont encore mutilées. Il faut arrêter cette barbarie au nom de croyances qui exploitent la cupidité des hommes. Je pense également aux femmes battues qui ne savent pas ce que le mot plaisir signifie ou même sans être battues…
Connaîtront-elles l'orgasme ? Tel un bouton de rose qui s'épanouit.

Cette sensation de ouate qui vous inonde à l'intérieur, dedans, dessus, dessous.

Nous ne sommes ni putes, ni soumises lorsque nous revendiquons le droit au plaisir, nous souhaitons seulement, dans notre différence par rapport au sexe opposé, qu'il comprenne notre « désir de plaisir ».

D comme Docteur Jekyll et Mister Hyde. J'ai comme en moi, depuis mon accident, un dédoublement de la personne. Une Christine dont les faits et gestes ne sont pas moi, que je n'aime pas. En quelque sorte un comportement que je ne maîtrise pas ; par exemple, couper la parole d'un interlocuteur de peur d'oublier le fil de ma pensée ; ou utiliser des gros mots, moi qui n'aime pas la vulgarité. Jamais avant je n'aurais osé faire cela par simple politesse. Cette Christine-là est perturbante parfois ; cette sensation de ne pas toujours pouvoir maîtriser ma personne. J'ai beau prévenir par délicatesse, c'est difficile.

E comme entière. Je suis tellement entière avec ce que cela suppose de sincérité, de naïveté et de maladresse. Je ne suis pas une moitié de femme.

F comme frapper dans ses mains. Un geste que je ne peux plus faire désormais et cela me coûte quand, enthousiasmée par une émotion forte, j'aurais envie d'applaudir, c'est un geste d'unisson après un spectacle qui fait l'unanimité d'une salle reconnaissante. Applaudir des personnes qui nous ont donné du plaisir un instant ou alors un sentiment d'admiration (comme au théâtre que j'affectionne particulièrement). Alors, frustrée, je tapote le dos de ma main gauche avec ma main droite ou j'agite ma main droite en marionnette comme on peut le faire dans le langage des signes. Je ne peux plus applaudir à tout rompre comme avant.

G comme grandir, cette expérience m'a fait grandir jusqu'à des sommets inatteignables pour certains…

H comme humilité. Il ne faut jamais perdre de vue ce sentiment. On ne crée pas les sentiments mais l'humilité reste à développer en chacun de nous, il faut être attentif aux autres. Rester humble par rapport aux épreuves. Les hommes, depuis des décennies, oublient malheureusement ce sentiment qui devrait nous épargner des guerres, des morts d'innocents, car il faut rester humble.

I comme Irlande, mon pays adoré – comme tu me manques. Je t'aime ma verte Erin.

J comme jouir de la vie. Par essence, je suis une jouisseuse.

K comme karma. Je crois, après toutes ces expériences, avoir atteint mon karma. J'espère dans une autre vie que ce sera moins mouvementé. Mais après tout, si cela avait été moins mouvementé, je me serais peut-être ennuyée, je n'aurais pas ouvert les yeux, et je n'aurais pas grandi.

L comme Loire-Atlantique, là où je suis née. Dix ans avant ma naissance, on parlait encore de la Loire-Inférieure et puis le temps a laissé faire les choses. Je suis née dans un département entre la Loire et l'océan, agité par les embruns de la mer qui se veulent vivifiants, qui lorsque je suis mélancolique me donne de la force. Mes forces je les puise dans l'air iodé de notre côte atlantique dont je ne me lasse pas de contempler «♪ les plages ♪» et l'horizon sur le trait que trace l'océan au loin.

L comme lassitude, un sentiment qui m'habite souvent lorsque je suis fatiguée, abattue. Je laisse faire la nature. J'attends que l'énergie revienne m'habiter. C'est mon lot quotidien, je vis avec désormais.

M comme Maury : le vin de Maury me laisse un goût suave dans le fond de la bouche, telle une sauvageonne insolente de sensualité, qui vous provoque, il fait monter en moi les objets du désir, par la chaleur moite de l'été. Je revois au mas Amiel ces bonbonnes de vin noir qui cuisent au soleil lourd et chaud du Roussillon. Il va en sortir un breuvage inégalable de sensualité, à l'onctuosité d'un chocolat.

N comme Nantes, ville où je suis née. Ville que j'aime. Nantes, porte de la Bretagne sans vouloir faire de polémique. Je me sens bien à Nantes, j'y ai mes racines, j'ai grandi à Nantes. Elle est belle cette ville, vivante, riche de son patrimoine historique même si son passé de port de commerce triangulaire n'est pas toujours glorieux. Les noms de rue sonnent d'un exotisme qui apporte à notre culture des odeurs de rhum, d'épices et de sucre. C'est la Loire, ce sont les petits LU, c'est la Biscuiterie nantaise, c'est Beghin Say, c'est Airbus, ce sont les chantiers navals, ce sont Tri Yann. Ce sont les Folles Journées dont je ne manque pas une édition chaque année.
C'est ma ville. Non je ne suis pas possessive, j'aime seulement.

O comme obstinée mais pas entêtée, plutôt persévérante dans mon travail que j'ai toujours fait à cœur, avec de la rigueur. Je ne suis pas réellement obstinée, plutôt déterminée.

P comme pudeur – c'est avec pudeur que j'ai livré mes pensées dans ce manuscrit – certains y verront de l'exhibitionnisme. Je confirme « non », c'est par pudeur, par timidité que j'ai écrit ce que je n'ai pu dire. C'est ma manière à moi de m'exprimer.

Q comme quadra, je suis devenue quadra. Qu'est-ce que cela signifie pour moi ? Lorsque j'avais vingt ans, les quadras étaient à mes yeux, comme pour bon nombre de jeunes, des anciens. Et sentiment bizarre maintenant, je ne me sens pas vieille pour autant. J'ai gardé cette fraîcheur dans ma tête, cette curiosité inassouvie. Je suis au cœur des quarante ans et encore pleine d'envies de découvertes. Des envies de voyages aux quatre coins du globe. Je n'aurai pas assez d'une vie pour faire tout ce que je projette de faire.

R comme renaissance : ma renaissance qui m'a donné goût à la vie.

S comme Simple Minds, Simply Red, Sting, Springsteen The boss et j'en oublie certainement commençant par S. J'adore leur musique, à consommer sans modération, sans modération !

T comme le Tāj Mahal – j'ai toujours été subjuguée par ce magnifique mausolée édifié au XVIIe siècle par l'empereur Shāh Jahān à la mémoire de son épouse bien-aimée. Comment peut-on ériger par amour une telle architecture titanesque ? C'est émouvant.

U comme univers. Existe-t-il un autre univers où les souffrances des hommes n'existent pas ? J'aimerais bien cet univers... N'est-ce pas Jean-Louis ?

V comme vanité. Je n'aime pas les gens vaniteux, imbus de leur personne, qui ont cette suffisance.

W comme White – Barry White j'aime bien cette musique dansante avec cette voix glamour, sensuelle. Sa disparition en 2003 presque passée inaperçue m'a beaucoup touchée.

X comme né sous X – je compatis beaucoup avec ces personnes qui sont nées sous X, qui sont en quête perpétuelle de leur identité, avec ce sentiment d'abandon qui est mitigé. Est-ce un geste de nécessité ou un geste d'amour ?

Y comme yéti – L'abominable homme des neiges – Banana banana
Banana split ! Nananana. Merci Lio.

Z comme zen. Je me sens zen, libre, libre comme l'air. J'étais une chrysalide qui, à l'aide de cette écriture, s'est transformée en papillon.
Le papillon a pris son envol, peut-être pour une deuxième vie. Il y a peut-être une autre vie ailleurs...

Tout au long de cette écriture, ils m'ont accompagnée :

Jean-Louis Aubert – *Plâtre et ciment*
Jean-Louis Aubert – *Commun Accord*
Jean-Louis Aubert – *Idéal standard*
Florent Pagny - *Baryton*
Loreena McKennitt
Cesaria Evora
Queen
Laurent Voulzy – *Avril*
Francis Cabrel – *La robe et l'échelle*
Keane
M
Muse – *Absolution*
Maalem Mahjoub & les Gnawa de Marrakech
Bande originale de *Philadelphia*
Bande originale d'*Out of Africa*
Bande originale de *Joyeux Noël*
Sting
Norah Jones
Les Quatre saisons de Vivaldi
Cum dederit de Vivaldi
Lohengrin de Wagner
Concerto pour clarinette en La majeur de Mozart
La 9e symphonie de Dvorak
Chopin

REMERCIEMENTS

Comment vous-dire merci mes chers amis – tout simplement en citant votre nom... – combien votre soutien m'a tenue en vie pour écrire mon histoire :

Dominique BENICHOU
Benoît GUILLON
Mireille IZZI
Soizic IZZI
Florence LE BORGNE
Maudy et Alain PIOT
Valérie POTIRON
Johanna ROME-SAUNIER
Béatrice ROSSI
Nathalie VIALATTE
Et... mes chères correctrices Candice et Noëmie

EL DESDICHADO -

Je suis le Ténébreux, – le Veuf, – l'Inconsolé,
Le Prince d'Aquitaine à la Tour abolie :
Ma seule Étoile est morte, – et mon luth constellé
Porte le Soleil noir de la Mélancolie.

Dans la nuit du Tombeau, Toi qui m'as consolé,
Rends-moi le Pausilippe et la mer d'Italie,
La fleur qui plaisait tant à mon cœur désolé,
Et la treille où le Pampre à la Rose s'allie.

Suis-je Amour ou Phébus ?... Lusignan ou Biron ?
Mon front est rouge encore du baiser de la Reine ;
J'ai rêvé dans la Grotte où nage la sirène…

Et j'ai deux fois vainqueur traversé l'Achéron :
Modulant tour à tour sur la lyre d'Orphée
Les soupirs de la Sainte et les cris de la Fée

Gérard de Nerval

1808 - 1855

Les yeux fermés, de loin

Mais si loin… je t'aperçois.

Table des matières

Préface	9
Le carnet à spirale	13
Zoo	19
L'école buissonnière	21
Un lion en cage	25
Le courrier du cœur	29
Service après-vente	31
Souvenirs, souvenirs	33
Aux p'tits soins	35
Famille, je vous aime	37
Les précieuses ridicules	39
Quand est-ce que je pars ?	41
Suis-je normale ?	45
La vie n'est pas un long fleuve tranquille	47
La planche miracle	49
L'Erika	53
Esperar !	57
La leçon de marche	59
Le bug de l'an 2000	63
Femme caméléon !	67
Liberté chérie !	71
Musique	75
Cendrillon	77
Eire chérie	79
Grand moment de solitude	81
The serial killer	85
La canne	87
Post-it	89
Les intouchables	91
Maman chat	93
Le cuisinier corsaire	97
Alone	99
Le sixième sens	101
L'asile	103
C'est la crise !	107

Les grenouilles 109
Plouf 111
Les anges de la route 113
L'association 115
O 117
Ecoute-moi, je te dirai qui je suis 119
Voyage au pays d'Epicure 121
I have a dream 123
J.-L.A. 125
L'absent 127
Aladin 131
Epilogue 133
Merveilleux malheur 137
Abécédaire 139
Bonus 145

L'HARMATTAN, ITALIA
Via Degli Artisti 15 ; 10124 Torino

L'HARMATTAN HONGRIE
Könyvesbolt ; Kossuth L. u. 14-16
1053 Budapest

L'HARMATTAN BURKINA FASO
Rue 15.167 Route du Pô Patte d'oie
12 BP 226
Ouagadougou 12
(00226) 76 59 79 86

ESPACE L'HARMATTAN KINSHASA
Faculté des Sciences Sociales,
Politiques et Administratives
BP243, KIN XI ; Université de Kinshasa

L'HARMATTAN GUINÉE
Almamya Rue KA 028
En face du restaurant le cèdre
OKB agency BP 3470 Conakry
(00224) 60 20 85 08
harmattanguinee@yahoo.fr

L'HARMATTAN CÔTE D'IVOIRE
M. Etien N'dah Ahmon
Résidence Karl / cité des arts
Abidjan-Cocody 03 BP 1588 Abidjan 03
(00225) 05 77 87 31

L'HARMATTAN MAURITANIE
Espace El Kettab du livre francophone
N° 472 avenue Palais des Congrès
BP 316 Nouakchott
(00222) 63 25 980

L'HARMATTAN CAMEROUN
BP 11486
Yaoundé
(00237) 458 67 00
(00237) 976 61 66
harmattancam@yahoo.fr

650986 - Avril 2016
Achevé d'imprimer par